U0571104

洞头妈祖祭典

洞头妈祖祭典

总主编 金兴盛

浙江省非物质文化遗产代表作丛书

浙江摄影出版社

陈爱琴 编 著

浙江省非物质文化遗产
代表作丛书编委会

顾　问	葛慧君　郑继伟	
主　任	金兴盛　钱巨炎	
副主任	柳　河　金慧群	
编　委	童芍素　高而颐　吕伟强　曹　鸿　金　涛	
	董立国　胡　红　罗永祥　俞伟杰　王　淼	
	裘国樑　陶文杰　潘邦顺	

专家组（按姓氏笔画为序）

马来法　马其林　王全吉　王其全　王　雷

卢竹音　吕洪年　许林田　朱德明　连晓鸣

李发明　李　虹　李　晖　吴海刚　吴露生

陈华文　陈睿睿　杨思好　严慧荣　林　敏

季海波　郑楚森　胡　敏　祝汉明　都一兵

顾希佳　郭　艺　徐宏图　徐金尧　黄大同

蒋水荣　蒋中崎　檀　梅

总　序

中共浙江省委书记
省人大常委会主任　夏宝龙

　　非物质文化遗产是人类历史文明的宝贵记忆，是民族精神文化的显著标识，也是人民群众非凡创造力的重要结晶。保护和传承好非物质文化遗产，对于建设中华民族共同的精神家园、继承和弘扬中华民族优秀传统文化、实现人类文明延续具有重要意义。

　　浙江作为华夏文明发祥地之一，人杰地灵，人文荟萃，创造了悠久璀璨的历史文化，既有珍贵的物质文化遗产，也有同样值得珍视的非物质文化遗产。她们博大精深，丰富多彩，形式多样，蔚为壮观，千百年来薪火相传，生生不息。这些非物质文化遗产是浙江源远流长的优秀历史文化的积淀，是浙江人民引以自豪的宝贵文化财富，彰显了浙江地域文化、精神内涵和道德传统，在中华优秀历史文明中熠熠生辉。

　　人民创造非物质文化遗产，非物质文化遗产属于人民。为传承我们的文化血脉，维护共有的精神家园，造福子孙后代，我们有责任进一步保护好、传承好、弘扬好非物质文化遗产。这不仅是一种文化自觉，是对人民文化创造者的尊重，更是我们必须担当和完成好的历史使命。对我省列入国家级非物质文化遗产保护名录的项目一项一册，编纂"浙江省非物质文化遗产代表作丛书"，就是履行保护传承使命的具体实践，功在当代，惠及后世，有利于群众了解过去，以史为鉴，对优秀传统文化更加自珍、自爱、自觉；有利于我们面向未来，砥砺勇气，以自强不息的精神，加快富民强省的步伐。

党的十七届六中全会指出，要建设优秀传统文化传承体系，维护民族文化基本元素，抓好非物质文化遗产保护传承，共同弘扬中华优秀传统文化，建设中华民族共有的精神家园。这为非物质文化遗产保护工作指明了方向。我们要按照"保护为主、抢救第一、合理利用、传承发展"的方针，继续推动浙江非物质文化遗产保护事业，与社会各方共同努力，传承好、弘扬好我省非物质文化遗产，为增强浙江文化软实力、推动浙江文化大发展大繁荣作出贡献！

（本序是夏宝龙同志任浙江省人民政府省长时所作）

前　言

浙江省文化厅厅长　金兴盛

　　要了解一方水土的过去和现在，了解一方水土的内涵和特色，就要去了解、体验和感受它的非物质文化遗产。阅读当地的非物质文化遗产，有如翻开这方水土的历史长卷，步入这方水土的文化长廊，领略这方水土厚重的文化积淀，感受这方水土独特的文化魅力。

　　在绵延成千上万年的历史长河中，浙江人民创造出了具有鲜明地方特色和深厚人文积淀的地域文化，造就了丰富多彩、形式多样、斑斓多姿的非物质文化遗产。

　　在国务院公布的四批国家级非物质文化遗产名录中，浙江省入选项目共计217项。这些国家级非物质文化遗产项目，凝聚着劳动人民的聪明才智，寄托着劳动人民的情感追求，体现了劳动人民在长期生产生活实践中的文化创造，堪称浙江传统文化的结晶，中华文化的瑰宝。

　　在新入选国家级非物质文化遗产名录的项目中，每一项都有着重要的历史、文化、科学价值，有着典型性、代表性：

　　德清防风传说、临安钱王传说、杭州苏东坡传说、绍兴王羲之传说等民间文学，演绎了中华民族对于人世间真善美的理想和追求，流传广远，动人心魄，具有永恒的价值和魅力。

泰顺畲族民歌、象山渔民号子、平阳东岳观道教音乐等传统音乐，永康鼓词、象山唱新闻、杭州市苏州弹词、平阳县温州鼓词等曲艺，乡情乡音，经久难衰，散发着浓郁的故土芬芳。

泰顺碇步龙、开化香火草龙、玉环坎门花龙、瑞安藤牌舞等传统舞蹈，五常十八般武艺、缙云迎罗汉、嘉兴南湖掼牛、桐乡高杆船技等传统体育与杂技，欢腾喧闹，风貌独特，焕发着民间文化的活力和光彩。

永康醒感戏、淳安三角戏、泰顺提线木偶戏等传统戏剧，见证了浙江传统戏剧源远流长，推陈出新，缤纷优美，摇曳多姿。

越窑青瓷烧制技艺、嘉兴五芳斋粽子制作技艺、杭州雕版印刷技艺、湖州南浔辑里湖丝手工制作技艺等传统技艺，嘉兴灶头画、宁波金银彩绣、宁波泥金彩漆等传统美术，传承有序，技艺精湛，尽显浙江"百工之乡"的聪明才智，是享誉海内外的文化名片。

杭州朱养心传统膏药制作技艺、富阳张氏骨伤疗法、台州章氏骨伤疗法等传统医药，悬壶济世，利泽生民。

缙云轩辕祭典、衢州南孔祭典、遂昌班春劝农、永康方岩庙会、蒋村龙舟胜会、江南网船会等民俗，彰显民族精神，延续华夏之魂。

我省入选国家级非物质文化遗产名录项目，获得"四连冠"。这不仅是我省的荣誉，更是对我省未来非遗保护工作的一种鞭策，意味着今后我省的非遗保护任务更加繁重艰巨。

重申报更要重保护。我省实施国遗项目"八个一"保护措施，探索落地保护方式，同时加大非遗薪传力度，扩大传播途径。编撰浙江非遗代表作丛书，是其中一项重要措施。省文化厅、省财政厅决定将我省列入国家级非物质文化遗产名录的项目，一项一册编纂成书，系列出版，持续不断地推出。

这套丛书定位为普及性读物，着重反映非物质文化遗产项目的历史渊源、表现形式、代表人物、典型作品、文化价值、艺术特征和民俗风情等，发掘非遗项目的文化内涵，彰显非遗的魅力与特色。这套丛书，力求以图文并茂、通俗易懂、深入浅出的方式，把"非遗故事"讲述得再精彩些、生动些、浅显些，让读者朋友阅读更愉悦些、理解更通透些、记忆更深刻些。这套丛书，反映了浙江现有国家级非遗项目的全貌，也为浙江文化宝库增添了独特的财富。

在中华五千年的文明史上，传统文化就像一位永不疲倦的精神纤夫，牵引着历史航船破浪前行。非物质文化遗产中的某些文化因子，在今天或许已经成了明日黄花，但必定有许多文化因子具有着超越时空的生命力，直到今天仍然是我们推进历史发展的精神动力。

省委夏宝龙书记为本丛书撰写"总序"，序文的字里行间浸透着对祖国历史的珍惜，强烈的历史感和拳拳之心。他指出："我们有责任进一步保护好、传承好、弘扬好非物质文化遗产。这不仅是一种文化自觉，是对人民文化创造者的尊重，更是我们必须担当和完成好的历史使命。"言之切切的强调语气跃然纸上，见出作者对这一论断的格外执着。

非遗是活态传承的文化，我们不仅要从浙江优秀的传统文化中汲取营养，更在于对传统文化富于创意的弘扬。

非遗是生活的文化，我们不仅要保护好非物质文化表现形式，更重要的是推进非物质文化遗产融入愈加斑斓的今天，融入高歌猛进的时代。

这套丛书的叙述和阐释只是读者达到彼岸的桥梁，而它们本身并不是彼岸。我们希望更多的读者通过读书，亲近非遗，了解非遗，体验非遗，感受非遗，共享非遗。

2015年12月20日

目录

　　洞头由168座岛屿组成，是浙江第二大渔场，素有"百岛之县"和"东海明珠"之美称。2006年4月，温州（洞头）半岛工程贯通，闭塞的海岛以半岛的新姿态跨入了新世纪，促使温州从"瓯江时代"迈入"东海时代"。"洞天福地，从此开头"，这是台湾著名诗人余光中给予洞头的新诠释。随着瓯江口新区和洞头的发展，洞头正遵照习近平总书记的要求，进一步加快建设"海上花园"。

　　洞头列岛居民的先祖，绝大多数来自福建的泉州、漳州、厦门，操闽南方言；另外一部分来自温州的永嘉、乐清，操温州方言。人们与海相伴、靠海为生，特殊的环境形成了渔区信奉海上平安女神——妈祖——的独特习俗。洞头全县建有妈祖宫23座，三百多年来，尽管时间推移、时代变迁，妈祖祭典一直在传承。每年农历三月廿三与九月初九，各妈祖宫举行隆重的祭祀仪式和妈祖巡安活动，参与信众遍及全县93个渔村，为洞头渔区信俗活动中的最大盛典。

　　人们敬奉妈祖，因为妈祖已经成为人们心目中善良、智慧和正义的化身。"立德、行善、大爱"的妈祖精神，闪烁着中华民族传统价值观的光芒，是海峡两岸同胞的文化尊崇，是海内外亿万信众联谊交流的文化桥梁和纽带。

2011年，洞头妈祖祭典被列入国家级非物质文化遗产名录扩展项目。洞头县委、县政府加大保护力度，在保持传统祭典仪式的基础上，创新形式，举办了一系列重大的妈祖文化活动，进一步展示了妈祖文化的深刻内涵，彰显了妈祖文化的无限生机和无穷魅力，使之在海岛社会发展和经济建设中发挥积极作用。

《洞头妈祖祭典》作为"浙江省非物质文化遗产代表作"丛书之一，以文字、图片等形式留存、弘扬这一民族民间优秀传统文化。本书系统翔实，力求反映洞头妈祖祭典的全貌，但由于历史的原因和时间的推移，不少珍贵资料遗失、重要传承人相继离世，留下了难以弥补的缺憾。

我们相信，《洞头妈祖祭典》的出版不仅会吸引更多有识之士参与到非物质文化遗产的保护、传承工作中来，也会让更多的海内外人士走进洞头，感受洞头民俗文化的魅力，感受洞头"海上花园"的魅力。

洞头县人民政府副县长　叶锦丽

2014年10月

一、妈祖与妈祖文化

妈祖是我国沿海地区及海外华人民间极为信仰的海上平安保护神，也是历代船工、海员、旅客、商人和渔民共同信奉的神祇。

一千多年来，妈祖信仰随着华侨、海员和外交使节传到世界各地，成为颇具世界影响的海神信仰。

一、妈祖与妈祖文化

妈祖是我国沿海地区及海外华人民间极为信仰的海上平安保护神，也是历代船工、海员、旅客、商人和渔民共同信奉的神祇。一千多年来，妈祖信仰随着华侨、海员和外交使节传到世界各地，成为颇具世界影响的海神信仰。

[壹]妈祖身世及传说

据说妈祖曾是一个真真切切生活在宋代的人，作为神的妈祖，其功能主要在海上、水上及与民生相关的领域。人们出于良好的愿望，生发出许多灵应传说，这些传说广泛流播于民间，使得妈祖信仰越传越远。

1.妈祖身世

妈祖，又称天妃、天后、天后圣母，南方亦称娘妈，北方多称娘娘，台湾地区称雨妈、过水妈，都是人们对心目中护海女神的敬称。据史料记载，妈祖姓林名默，宋建隆元年（960）农历三月廿三日诞生于福建莆田湄洲屿黄螺村，雍熙四年（987）九月初九逝去，在世仅二十八年。

关于妈祖身世，现存最早的史料是南宋绍兴廿年黄公度《题顺济庙》诗和廖鹏飞《圣墩祖庙重建顺济庙记》："世传通天神女也。姓林氏，湄洲屿人，能预知人祸福……"

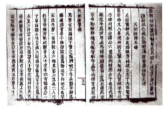

《天妃显圣录》

迨至明末清初，《天妃显圣录·天妃诞降本传》才首次出现关于妈祖家世的详细叙述："始祖唐林披公，生九子，俱贤。当宪宗时，九人各授州刺史，号'九牧林氏'。曾祖保吉公，乃邵州刺史蕴公世孙，州牧圉公子也，五代周显德中为统军兵马使，时刘崇自立为北汉，周世宗命都点检赵匡胤战于高平山，保吉与有功焉。弃官而归，隐于莆之湄洲屿。子孚，承袭世勋，为福建总管。孚子惟悫，讳愿，为都巡官，即妃父也。娶王氏，生男一，名洪毅；女六，妃其第六乳也。"类似的记载也出现在明代的《三裁源流搜神大全》卷四中："林默母陈氏，尝梦南海观音，与以优钵花吞之，已而孕，十四月始娩身得妃，诞之日异香闻里许，经旬不散。"清代《古今图书集成·神异典》卷二八按《莆田县志》这样写道："林默出生时，而地变紫，有祥光异香。"

妈祖的曾祖父莆田人林保吉，曾在赵匡胤军队中参与作战指挥。妈祖祖父林孚，父亲林愿(或作惟悫)，母亲王氏，林愿后辞官回乡。一天晚上，王氏梦见观音大士对她说："你家行善积德，今赐你一丸，服下当得慈济之赐。"于是王氏便怀了孕。到北宋建隆元年（960）三月廿三日傍晚，王氏即将分娩，见一道红光从西北射入室中，光辉夺目，香气飘

清代木刻图《妈祖诞降》（《天后志》）

荡，久久不散；又听得四周隆隆作响，好似春雷轰鸣，地变紫色。王氏感到腹中震动，妈祖于是降生。她出生至满月一声不哭，因此父亲给她取名"默"。

林默满周岁时，在襁褓中看见诸神像，又手作欲拜状。五岁能诵《高王观世音经》，十一岁能婆娑按节乐神。少年时，一日在家静思熟读诗书，偶见一怪异道人从门前过，心中顿悟，拜之为师，得"玄微真法"，故长大后能"通悟秘法，预知休咎"。这些都是说她生有异能，少年慕道，精于占卜，长于医术，为民解忧。成年后的林默立志普济众生，坚决不嫁，父母顺从了她的意愿，使她能一心一意地服务百姓。由于她平素精研医理，常为众人治病，教众人防疫消灾，因此赢得了大家的钦佩和尊重，人们无不感颂她的功德。林默素来性情和顺，热心助人，为邻里乡亲排忧解难，引导人们趋吉避凶，预防海难。乡亲们遇到困难，都愿意跟她商量，请求帮助。久而久之，林

默大仁大义的事迹也就传开了。

生长在大海之滨的林默还通晓天文气象，熟知水性。湄洲岛与大陆之间的海峡中有不少礁石，在这片海域遇险的渔舟、商船，常得到林默的救助。人们传说她能乘席渡海，还会预测吉凶，告知船户可否出航，所以称她为"神女"、"龙女"。

宋太宗雍熙四年（987）九月初九重阳节，二十八岁的林默告别亲人，登上湄洲屿最高处的山峰。只见祥云缭绕、霞光满天，林默缓缓升天而去，离开人间。大家认为那是她道行圆满，羽化升仙了，于是就在湄洲山（今祖庙山）立庙奉祀她，希望她永留人间，庇佑海上平安。海船上也普遍供奉妈祖神像，以祈求航行平安顺利。

妈祖集真、善、美于一身，即使在她羽化升天之后，仍屡显威灵，拯救危难，庇护使臣，广施仁爱，普度万民，终于成为至善、大爱的女神，千百年来广受世人的敬仰和崇拜。为赞颂林默的功绩，人们用最淳朴、最亲切的方式来称呼这位善良伟大的女神——妈祖。

2.妈祖生平故事及灵应传说

妈祖的一生虽然短暂，但充满传奇色彩，其生平事迹、灵应传说，各朝代都有记载。这些故事除讲述妈祖生前扶危济困、舍己救人的事迹外，还包括妈祖羽化升天之后的显灵故事，以护海显灵为主，也旁及抵御其他自然灾害及平寇、抗金等事迹，体现了妈祖由人到神的演变。为什么妈祖年纪轻轻会有许多神异的传说？这可以有两种解释：一是妈祖几辈人都生长在海边，熟悉水性，有遗传基因；二是她聪慧好学，有一种"特异功能"，常能预卜，非常人可及。

（1）妈祖生平故事

菜屿常青

湄洲岛旁边有一个小岛，传说有一天，妈祖到小岛上游玩，将菜子撒在地上，不久菜子奇迹般生长，花开满地。此后，每年无需耕种，菜子自然生长，当地人视为仙花采之。人们就把这个地方称为"菜子屿"。

救父寻兄

相传妈祖十六岁那年的秋天，其父兄驾船北上，突然海上掀起狂风恶浪，船只受损，情况危急。这时妈祖在家织布，她忽然闭上眼睛，使尽全力扶住织机。母亲见状忙叫她，她醒来时失手将梭掉在了地上，哭道："父亲得救，哥哥死了！"不久有人来报，情况属实。妈祖陪着母亲驾船前去大海寻找哥哥，发现一群水族聚集在波涛汹涌的海面，其他人十分担心，只有妈祖知道水族是受水神之命前来迎接她。这时海水变清，哥哥的尸体浮了上来，人们将尸体运了回去。此后每当妈祖诞辰之日，夜里鱼群环拥湄屿之前，黎明才散去，这一天也成为当地渔民的休船之日。

窥井得符

相传妈祖十六岁时，有一次与女伴们出去游玩。当她对着井水照妆时，一位神人捧着一双铜符向她走来，把铜符授给她。女伴们都被吓跑了，妈祖却接受了铜符，并不怀疑。妈祖接受铜符后，法力日见神通，常能神游，腾云渡海，救急救难，人们称她为"神姑"、"龙女"。

铁马渡江

相传有一天，妈祖要渡海，可是没有船只。她见旁边屋檐前悬有铁马，于是灵机一动，取马挥鞭，铁马奔对岸风驰而去，待上了对岸，又消失得无影无踪。旁人无不惊叹"龙女"的神通广大。

医治县尹

相传妈祖在世时，有一年莆田瘟疫盛行，县尹全家也染上了疾病。有人告诉县尹，妈祖有解难之法力，于是县尹亲自来拜请妈祖。妈祖念他平时为官不坏，又是外来官，便告诉他用菖九节煎水饮服，并将符咒贴在门口。县尹回去后遵嘱施行，不日疾病痊愈。

祷雨济民

相传妈祖二十一岁时，莆田大旱，全县百姓都说非妈祖不能救此灾害。于是，县尹亲向妈祖求救，妈祖祈雨，说壬

清代彩绘《祷雨解旱》（转自《湄洲妈祖志》）

子日申刻就会下大雨。到了那天,上午晴空无云,丝毫没有下雨的征兆;申刻一到,突然乌云滚滚,大雨滂沱,大地恢复往日生机。

挂席泛槎

相传有一天,海上起了风浪,妈祖要渡海,岸边虽有船只,但是船上没有桨也没有帆,加上风急浪大,船夫不敢开船。妈祖说:"你只管起船。"她叫人将草席挂在桅杆上作为船帆,船开上海面,乘风破浪,飞驰而去。

化草救商

相传妈祖在世时,湄洲屿西边有个出入湄洲的要冲叫门夹(就是今天的文甲)。有一次,一艘商船在门夹遭飓风袭击触礁,海水涌进船舱,即将沉没,村民见狂风巨浪,不敢前去营救。在这紧急时刻,妈祖在脚下拔了几根小草,扔进大海,小草变成一排大杉,漂到并附在即将沉没的商船上,商船免遭沉没,船中人幸免于难。

降伏二神

相传湄洲西北方向有二神,一为顺风耳,一为千里眼,经常贻害百姓。妈祖二十三岁时,百姓求她惩治二神。妈祖与妇女们一起上山劳动,一直过了十多天,二神终于出现了。当二神将近时,妈祖大声呵斥,二神惧妈祖神威,化作一道火光而去,妈祖拂动手中丝帕,顿时狂风大作。二神不明所以,持斧而来,妈祖用激将法激得他们丢下铁斧,却再也拾不起铁斧,于是认输谢罪而去。两年后,二神再次

在海上作祟，
妈祖用神咒呼
风飞石，使二神
无处躲避。二
神服输，愿为
妈祖效力，于
是妈祖收二神为将。

清·欧峡《妈祖圣迹图》

解除水患

相传妈祖二十六岁那年，阴雨连绵，福建、浙江两省遭受水灾。当地官员上奏朝廷，皇帝下旨就地祈雨，但毫无效果。当地人请求妈祖解害，妈祖道："灾害是人积恶所致，既然皇上有意为民解害，我更应当祈天赦佑。"于是焚香祷告，突然天起大风，云端有虬龙飞速而去，天空晴朗。那一年百姓获得了好收成，大家感激妈祖，官员也为妈祖向朝廷请功，妈祖得到褒奖。

收服二怪

相传妈祖在世时，湄洲有嘉应、嘉佑二怪，经常出没害民。有一天，一艘客船遭怪物作怪，船将沉没，妈祖化作一条货船，前去救难。嘉佑见货船前来，立即来追，妈祖口念神咒，将其制伏。嘉佑叩首服罪，妈祖将其收入水阙仙班。为制伏嘉应，妈祖施计，于山路独行。嘉应以为是民间美女，便起歹心前来冒犯，妈祖一挥拂尘，嘉应逃去。时隔一年，嘉应又出来为害百姓，妈祖说："这个怪物不归正道，必然扰害人间。"于是叫村民戴符焚香斋戒，自己则乘小舟到海上，出其不意，降伏嘉应，将他收为水阙仙班一员。

驱除怪风

相传妈祖在世时，湄洲对面的吉蓼城西面有一座跨海石桥，是当地百姓南来北往的要道。有一天，忽然怪风刮起，刮断了全部桥桩，一时交通断绝，人们无法往来。百姓以为是风神所为，于是祈求妈祖解难。妈祖到石桥处察看，见远处空中一道黑气，知道有怪，便施展灵术将怪驱逐，从此石桥畅通无碍。

收服晏公

相传妈祖在世时，海上有一怪叫晏公，时常兴风作浪，弄翻船只。有一天，妈祖驾船到东部大海，怪物又开始兴风作浪，妈祖乘坐的船只摇晃得非常厉害。妈祖即令抛锚，见前方波涛中舟上有一金冠绣袖、横髯突睛之神在作怪。妈祖不动声色，掀起狂风巨浪与之对抗，晏公害怕妈祖的神威，叩拜荡舟离去。但晏公只是一时为法力所制，心中不服，不久变成一条神龙，继续兴风作浪。妈祖说道："此妖不除，风波不息。"便在中游抛锚，制伏了神龙。妈祖命令晏公统领水阙仙班（共有十八位），护卫海上船民，晏公成为妈祖部下总管。

收高里鬼

相传妈祖在世时，一个叫高里的地方出了个妖怪，当地百姓深受其害，染上百病，前去求妈祖医治。妈祖给求治者一道符咒，叮嘱他们回去后，将符咒贴于病人床头。妖怪知符咒法力强大，于是变成一只鸟逃走。妈祖追去，见鸟藏在树上，嘴里还喷出一团黑气，妈祖口中念道："怪物不能留此，为患乡里。"将鸟抓住，原来是一只鸒鹍。妈祖用符水喷洒小鸟，小鸟落地，变成一撮枯发；妈祖取火烧之，枯发现出小鬼本相。小鬼叩请妈祖收留，于是妈祖将它收在台下服役。

（2）妈祖灵应传说

宋代护海、救疫、助堤、抗倭等传说

护海传说。据《林夫人庙》记载："凡贾客入海，必致祷祠下，求杯珓，祈阴护，乃敢行。盖尝有至大洋遇恶风而遥望百拜乞怜，见神出现樯竿者。"吴自牧《顺济圣妃庙》："其妃之灵著多于海洋之中，佑护船舶，其功甚大，民之疾苦，悉赖姘懞。"

圣泉救疫传说。宋绍兴二十五年（1155），兴化一带发生瘟疫，无药可治，妈祖托梦给白湖一村民，说离海边不远的地下有甘泉，可以治愈疫病。第二天人们前去挖掘并取水饮用，果然灵验。消息传开后，远近人都来取水，络绎不绝，染疫的人全都得救了。这口井因此被誉为"圣泉"。

钱塘助堤传说。据《天妃显圣录》："宋理宗嘉熙改元，浙省钱塘潮翻，江堤横溃，大为都省患。波涌浩荡，版筑难施，都人号祝于神妃。忽望水波汹涌，时涛头上艮山祠，若有所限拒而水势倒流不

前者，因之水不冲溢，堤障得成，永无泛圮之患，众咸称神力捍御。"

温台海域助剿流寇传说。孝宗淳熙年间，温州、台州两府海域传海盗抢夺民船商旅情事，朝廷令派福建都巡检姜特立率领水师进剿，遭盗贼船队顽强抵抗，水师败阵，哀号求助。不久，云端灵现女神座驾，刹那间狂风不已，流寇船队一时溃散，水师官兵得以乘顺风追击，终于剿平海盗，获得胜利。

宋代的妈祖灵应传说很多，显示了当时妈祖信仰的多元化特点。

元、明、清代卫漕保泰传说

妈祖卫漕之说始于元初。元朝建都于现在的北京，而其粮食来源主要靠江南地区。元朝一年征收税粮1211万石，其中江浙行省近450万石，故朝野上下对南粮北运很重视。为求得海上漕运的安全，元朝政府祈求妈祖神功庇佑。

据舍利性古《灵慈宫原庙记》："维我皇元，定都幽朔，既一大

清代彩绘《钱塘助堤》（转自《湄洲妈祖志》）

清代木刻图《钱塘助堤》（《圣迹图志》）

统，故乃岁募巨艘以转漕……若乃纤云召阴，劲风起恶，洪涛腾沓，快帆摧撞，束手罔措。于是吁呼天妃，应答如响，光景赫然见于樯端，而舟中之人如婴之睹怙恃矣。是其灵迹昭著，固非滔滔茫昧者所可拟。"早在至元十八年（1281），元世祖加封诏曰："惟尔有神，保护海道，舟师漕运，恃神为命，威灵赫濯，应验昭彰。"负责海运的官员和船工更是对妈祖崇拜维谨，期待维殷。

明初建都南京，政治中心南移，南粮北调压力减轻，但北方军储仍需大量漕粮。汤和在宁波重建天妃庙，以便虔修祈报之祭。郎瑛《七修类稿》记载："洪武初，海运风作，漂泊粮米数百万石于落漈，万人号泣待死矣。大叫天妃，则风回舟转，遂济直沽。"

清代彩绘《神助漕运》（转自《湄洲妈祖志》）

清代妈祖卫漕传说也很多，朝廷多次加封或赐匾，皆因神庇漕运功勋卓著。

明代西洋护使传说

西洋护使传说中影响最大的是妈祖保佑郑和七下西洋的传说，其庇荫之功，在郑和的两方碑中有扼要表述："观夫鲸波接天，浩浩无涯，或烟雾之溟蒙，或风浪之崔嵬。海洋之状，变态无时，而我之云帆高张，昼夜星驰，非仗神力, 曷能康济? 值有险阻, 一称神号, 感应如响。即有神灯烛于帆樯, 灵光一临, 则变险为夷, 舟师恬然, 咸保无虞。此神功之大概也。"

对于郑和下西洋开展外交活动过程中仰赖天妃神通, 明成祖还用诗的语言进行赞颂: "湄洲神人濯厥灵, 朝游玄圃暮蓬瀛。扶危济弱俾屯亨, 呼之即应祷即聆。上帝有命司沧溟, 驱役百怪降魔精。囊括风雨电雷霆, 时其发泄执其衡。洪涛巨浪帖不惊, 凌空若履平地行。雕题卉服皆天氓, 梯航万国悉来庭。神庇佑之功溥弘, 阴翼默卫何昭明! "

清代助潮、济泉收复台湾传说

清代彩绘《救郑和》(转自《湄洲妈祖志》)

福建长乐"郑和碑"

据江日升《台湾外志》，清顺治十八年（1661），仍奉明永历为正朔的郑成功决心以武力收复台湾。郑部舟师从金门料罗湾放洋，是夜抵澎湖，驻跸天妃宫，翌日祭海祷祝，挥师进攻鹿耳门。鹿耳门港道纡回，狭窄而淤浅，号称天险，大船难以进出，时值初八日，又是小潮。郑成功命设香案，冠带叩祝曰："……助我潮水，俾鹢首所向，可直入无碍，庶三军从容登岸。"祝毕，令人于船头将竹篙探水浅深，得回报曰："是藩主洪福，水比往日加涨。"成功复问曰："加涨多少？"曰："加涨有丈余。"荷军为防郑军来袭，已先于港口沉船阻碍，故以为万保无虞，不想当日潮水竟加涨以助郑军舟师进港，直入鲲身，包围赤嵌，荷军粮断援绝，终于签字投降。于是郑军上下及随军船夫、民众，自然将收复台湾之功首先归于妈祖助潮，并广为传诵。

清代彩绘《涌泉济师》（转自《湄洲妈祖志》）

清康熙二十一年（1682）十月，靖海侯将军施琅奉命收复台湾，率领战船驻扎于平海湾。当时天旱，平海一带地多盐卤，水井干枯，饮水艰难，施琅三万大军连煮饭的水也找不到，无以为炊，口渴难忍，若不解决饮水问题，只好撤退。施琅四处察看，滴水难觅，最后来到天妃宫，只见宫前一口枯井，干无滴水。施琅入宫，于神前祈祷妈祖赐水，祷后来到枯井一看，竟然清泉溢沸，千军万马取用不竭。由于解决了用水问题，施琅大军得以在平海驻扎下来，等待季风，借风一鼓渡海，收复台湾。施琅胜利回师，感激妈祖神助，以石碣刻"师泉"，作《师泉井纪》，以志纪念。

另外，有关妈祖保佑使船的传说很多。《天妃显圣录》载"琉球救太监柴山"一则："洪熙元年四月，钦差内官柴山往琉球，载神香火以行。至外洋，一夕，云雾晦暝，山方假寐，梦神抚其几曰：'若辈有水厄，当慎之，吾将为汝解。'及寤，不敢明言，只严诫舵工加谨。正扬帆而进，突阴霾蔽天，涛翻浪滚，咫尺不相辨，孤舟飘泊于洪波之中，桅樯颠倒，舟中坠水者数人。舵工急取大板乱掷水中，数人攀木而浮，随波上下，呼天求救，哀声震天。迨薄暮，见灯光自天而来，风倏静，浪倏平，舵工急挥棹力救，坠水者争攀附登舟，感庆再生之赐。回京奏上，奉旨遣官致祭，拜答神功。"柴山感神灵救护之恩，特在琉球唐营重修天妃宫，又在宫南建筑千佛灵阁。

妈祖在海外的灵应传说

妈祖灵应传说在日本、菲律宾、马来西亚、新加坡、印度尼西亚等国也广为流传。日本的妈祖传说，最有名的是关于南九州萨南片浦的林家妈祖的。据说林氏始祖林北山于明末社会动荡时带妻

子和长子冒险渡海到片浦定居,后加入日本籍。林家渡海时,随身带妈祖及陪祀的二侍女、千里眼、顺风耳共五尊神像,到新居址后虔诚奉祀。后来,林氏家族在片浦开科发达,家运

清代彩绘《琉球救柴山》(转自《湄洲妈祖志》)

昌盛,同时也带动了片浦的经济开发,使这座小渔村成为日本西南岸与中国东南地区贸易来往的良港。

传说也好,灵应也好,都是人们在危机之中求助妈祖化险为夷的一种心理寄托,而精神的作用在一定的境遇中往往是其他力量无法替代的,这就是"信仰"的奥秘。妈祖作为一个古代民间的神祇,她的精神为何能被海内外这么多人认可、赞扬和崇敬呢?一个重要原因就是妈祖身上凝聚了中华民族的传统美德。妈祖善良正直,见义勇为,扶贫济困,解救危难,造福民众,保护商船平安航行,做了很多有益于百姓的善事义举,凡此种种都是功德无量的事情,所以

深受海内外百姓的崇敬和膜拜。

3.历朝对妈祖的褒封

妈祖一生救急扶危,在惊涛骇浪中拯救过许多渔舟商船;她立志普救众生,护佑渔民,以行善济世为己任,因此得到民间的敬仰和官方的褒封。妈祖的称谓演变分官方和民间两个系列:官方的系列就是历朝褒封的爵号,宋、元、明、清四朝,妈祖受皇帝褒封达三十六次,从夫人、天妃、天后到天上圣母;民间的系列则是从神女、灵女、娘妈到妈祖,最终树立了妈祖作为唯一海神的至高无上地位,并列入道教祭典和国家祀典。

妈祖的敕封可以追溯到北宋。据廖忠俊《台湾的妈祖宫与观音寺遗迹》一书记述:"北宋徽宗宣和四年,皇上派遣给事中(宋代官名)路允迪出使高丽国。

"当时因有北方外患金人南下侵犯中原,所以特使团之八艘船改选在福建莆田以水道出航。船队一驶出东海,忽遇狂风巨浪,未久即吞没其中七艘海船,只剩特使路允迪的座船在风暴大浪里载沉载浮。

"正当灾难即将降临之危急关头,路允迪大臣急忙跪下,望向海天祈祷;不一会,突然出现一位朱衣女神,飘然而至船桅,刹那间,竟平息狂涛巨浪,水面恢复风平浪静;船上众人心神甫定之后,甚觉异象不可思议,恰巧舟上有一位随行保义郎李振,乃莆田白塘人，久闻默娘神姑道行时常显圣，乃禀告路允迪给事中，此异象即莆田海上女神（默娘神姑）显灵顺风救济之功。

"俟路允迪回返开封京城，即将海上危难及圣姑女神化险为夷事迹禀奏皇帝，圣上阅闻此湄洲海神显灵，感念并特赐'顺济'御匾给圣墩祠，此乃历代皇上正式褒封敕赐（妈祖）的第一个封号，圣墩顺济额就成为头一个朝廷赐匾的祠庙，'妈祖'航海女神信仰也因此由民间而皇室并扩及全国崇祀。"

南宋褒封：

绍兴二十六年（1156），宋高宗封"灵惠夫人"；

绍兴三十年（1160），宋高宗封"灵惠、昭应夫人"；

乾道三年（1167），宋孝宗封"灵惠、昭应、崇福夫人"；

淳熙十一年（1184），宋孝宗封"灵慈、昭应、崇福、善利夫人"；

绍熙元年（1190），宋光宗封"灵惠妃"；

庆元四年（1198），宋宁宗封"灵惠助顺妃"；

嘉定元年（1208），宋宁宗封"灵惠、助顺、显卫妃"；

嘉定十年（1217），宋宁宗封"灵惠、助顺、显卫、英烈妃"；

嘉熙三年（1239），宋理宗封"灵惠、助顺、嘉应、英烈妃"；

宝祐二年（1254），宋理宗封"灵惠、助顺、嘉应、英烈、协正妃"；

宝祐三年（1255），宋理宗封"灵惠、助顺、嘉应、慈济妃"；

宝祐四年（1256），宋理宗封"灵惠、协正、嘉应、善庆妃"；

景定三年（1262），宋理宗封"灵惠、显济、嘉应、善庆妃"。

元朝褒封：

至元十八年（1281），元世祖封"护国、明著天妃"；

大德三年（1299），元成宗封"护国、庇民、明著天妃"；

延祐元年（1314），元仁宗封"护国、庇民、广济、明著天妃"；

天历二年（1329），元文宗封"护国、庇民、广济、福惠、明著天妃"；

至正十四年（1354），元惠宗封"护国、辅圣、庇民、广济、福惠、明著天妃"。

明朝褒封：

洪武五年（1372），明太祖封"昭孝、纯正、孚济、感应圣妃"；

永乐七年（1409），明成祖封"护国、庇民、妙灵、昭应、弘仁、普济天妃"；

崇祯十七年（1644），明思宗封"护国、庇民、妙灵、昭应、弘仁、普济、安定、慈惠天妃"。

清朝褒封：

康熙十九年（1680），清圣祖封"护国、庇民、妙灵、昭应、弘仁、普济天妃"；

康熙二十三年（1684），清圣祖晋封"天后"；

乾隆二年（1737），清高宗封"护国庇民、妙灵昭应、宏仁普济、福佑群生天后"；

乾隆二十二年（1757），清高宗加"诚感咸孚"封号；

乾隆五十三年（1788），清高宗加"显神赞顺"封号；

嘉庆五年（1800），清仁宗加"垂慈笃祐"封号；

嘉庆六年（1801），清仁宗加"安澜利运"封号；

道光十九年（1839），清宣宗加"泽覃海宇"封号；

道光二十八年（1848），清宣宗加"恬波宣惠"封号；

咸丰二年（1852），清文宗加"导流衍庆"封号；

咸丰三年（1853），清文宗加"靖洋锡祉"封号；

咸丰五年（1855），清文宗加"恩周德溥"封号，十二月又加"卫漕保泰"封号；

咸丰七年（1857），清文宗封"护国庇民、妙灵昭应、弘仁普济、福佑群生、诚感咸孚、显神赞顺、垂慈笃祐、安澜利运、泽覃海宇、恬波宣惠、导流衍庆、靖洋锡祉、恩周德溥、卫漕保泰、振武绥疆天后之神"；

同治十一年（1872），清穆宗加"嘉佑"封号；

光绪元年（1875），清德宗加"敷仁"封号。

妈祖神牌全称已普遍采用清朝累叠褒封六十四字的说法，即

"护国庇民、妙灵昭应、弘仁普济、福佑群生、诚感咸孚、显神赞顺、垂慈笃祐、安澜利运、泽覃海宇、恬波宣惠、导流衍庆、靖洋锡祉、恩周德溥、卫漕保泰、振武绥疆、嘉佑敷仁天后之神"。对妈祖的褒奖简直到了不可超越的地步，表现出旧时官民对于救厄扶困的渴求与期盼。这六十四个字的核心便是"谁能救民于水火，谁就是心目中的圣人"。

[贰]妈祖文化

妈祖信俗通过海上贸易、朝廷册封、宫庙分灵、移民迁徙等途径传播发展至今，已遍及世界各地，不仅信众广泛，而且逐渐形成"妈祖文化"。越来越多的人认识到，以"立德、行善、大爱"为核心内容的妈祖文化是中华民族的优秀文化遗产之一。

1.妈祖信俗的传播

（1）海上贸易传播

妈祖信俗的传播首先得益于中国海洋事业的发展。中国人向海洋进军的历史很早。自汉代开始，由于开辟了著名的"海上丝绸之路"，海外交往势盛而时久。早在11世纪，中国航海者首先拥有了指南针，以保证海上航路的定向行驶，也首先发明了隔舱航船，即使撞破一角、一舱，船体的大部仍能上浮。尽管造船和航海技术相当发达，但由于没有气象预测，一片小舟如沧海一粟，在威力无比的海洋面前，人类还是显得极其渺小。所以，祈求神灵护佑便是很自然的事情了。

在"起航先拜妈祖，有船必有妈祖祈像"这种沿海地区传统的、普遍的观念影响下，妈祖文化沿广东、福建至京津及东北的海上漕运航线传到渤海湾沿岸，与地方文化相融合，逐渐成为当地的民俗信仰，以至"航海者祀之极为虔诚，一般人民亦渐信仰……天后遂成为掌司各事之神"。妈祖信俗由南至北，再沿"海上丝绸之路"传到朝鲜、日本等东北亚国家，最终穿过白令海峡，到达北美洲地区。

（2）朝廷敕封传播

妈祖受到历代皇帝褒封三十多次，从夫人、天妃、天后直到天上圣母，地位不断提升，最终树立了妈祖作为唯一海神的至高无上地位，这对妈祖信俗的传播起到了一定作用。

天津天后宫

山东长岛天后宫

比如自南宋起，就例定舟内载海神航行，朝夕拜祈。元代"南粮北调"，起初是官方造船，粮食直接由江南粮区海运到直沽，后来改为雇用民间船舶包运，一时间，自广州至天津，天妃宫接踵而起，足见航海者对妈祖的信仰程度。元代在妈祖信俗发展史上至关重要，根本原因就是推行海上漕运。元代还敕建妈祖庙，就是皇帝下旨命令有关官员主持修建妈祖庙，并由朝廷户部拨款列支。天津的天后宫就是元泰定三年（1326）敕建的。

（3）宫庙分灵传播

妈祖升天之后，民间产生了许多灵应故事，有湄洲一带的，也有其他地方的，说明妈祖信俗已经开始传播了。据《八闽通志》："公元999年，福建莆田平海建有天后宫。"说明当时已建有妈祖分灵庙。至南宋，妈祖信俗传到闽、粤、浙、苏沿海地区；明代，台湾、香港、澳门的妈祖

江苏南京天妃宫

福建泉州天后宫

分灵庙也陆续兴建，并传播到日本等国。信仰无国界，"海上女神"由沿海各港口随船漂洋过海，为远行者送去平安与祝福。清代是妈祖信俗发展的鼎盛时期，妈

福建长乐显应宫（资料照片）

祖分灵庙在全国各地涌现，不少废弃庙宇亦得以复兴，一些原先奉祀其他神的宫庙甚至洋教堂也改成了奉祀妈祖的宫庙。除西藏、青海、宁夏等少数省（区）未发现妈祖庙外，其他省（区、市）均有妈祖庙及其遗迹分布。妈祖信俗随着华人足迹遍及全球，国外的妈祖庙分布在二十多个国家。可以说，哪里有船，哪里就有妈祖，哪里有华人，哪里就有妈祖庙。

（4）移民迁徙传播

莆田对外移民的历史悠久，在潮汕民居门楼匾额常可见到"莆田旧家"、"莆阳世系"等莆田印记，海南可考的入琼始祖有九十多个，以来自莆田的为最多。莆田人怀旧恋乡，来自家乡的妈祖信俗自然而然随着这些移民传到了全国各地及海外。

莆田历来文化发达、科甲鼎盛，曾有"九牧林"、"莆阳黄"、"玉湖陈"、"白塘李"等影响全国的名门望族，为官者也不在少数。在出

发任职前，他们祈求妈祖保佑；来到为官处之后，他们也把妈祖崇拜带到了那里，有的建庙奉祀，有的把妈祖神像供奉在居所。

莆田在宋末和明代两次被诛城，很多人为了避难移居外地。"四海恩波颂莆海，五洲香火祖湄洲"和"湄祖分灵遥湛土，文母香火继莆田"这两副对联在广东、海南一带的妈祖宫庙经常可见。潮州的古地名有许多带"莆"字，如东莆都、上莆都、外莆都、韩莆都，明代状元、潮州人林大钦，人称"东莆先生"。

莆田历史上的人口迁徙促进了妈祖信俗在广东、海南等地的传播发展，之后广东、海南的移民又迁徙到南洋各地，这是妈祖信俗向海外传播的主体力量。

2.世界各地妈祖宫

宋雍熙四年（987），妈祖升天后，当地乡亲感念她生前的德惠，在湄洲岛建庙祭祀，即最早的妈祖庙。湄洲是妈祖信俗的发源地，湄洲妈祖庙是全世界所有妈祖庙之祖，各地妈祖庙都是从湄洲"分灵"出去的。浙江洞头与福建湄洲隔海相望，相距并不遥远，两地同为妈祖信俗的发祥地与传承地。据《世界妈祖庙大全》提供的数字，目前全世界共有妈祖庙近六千座，遍布二十多个国家和地区，信众近两亿人。

各地妈祖庙名称不一，或称天妃宫、天后宫、妈祖庙，或称天后寺、圣母坛、文元堂、朝天宫、天后祠、安澜厅、双慈亭、纷阳殿等等。在这些妈祖庙中，福建湄洲妈祖庙（建于987年）、天津天后宫（建于1326年）、台湾北港朝天宫（建于1694年）被列为世界三大妈祖庙；福建泉州天后宫（建于1196年）、湖南芷江天后宫（建于1748年）、台湾澎湖天后宫（建于1592年）、山东蓬莱阁天后宫（建于1122年）、山东长岛显应宫（建于1122年）、宁波天后宫（即庆安会馆，建于1853年）、新加坡天福宫等，在历史、规模、地位及影响方面堪称妈祖庙中的佼佼者。建于清代的洞头东沙天后宫是浙江省现存规模最大、构建最完整的妈祖庙，1997年被列为浙江省文物保护单位。

以下列举几地妈祖宫的发展情况。

（1）湄洲祖庙

介绍妈祖信俗，当然离不开介绍妈祖祖庙。湄洲祖庙是湄洲妈祖庙的尊称，是全世界妈祖信众心中的圣地。关于妈祖和湄洲祖庙的记载，最早见于《圣墩祖庙重建顺济庙记》："世传通天神女也。姓林氏，湄洲屿人，初，以巫祝为事，能预知人祸福；既殁，众为立庙于本屿。"湄洲祖庙位于台湾海峡西中部湄洲岛，隶属福建省莆田市，距莆田市区东南方四十多千米，从文

湄洲祖庙朝天阁（爱琴 摄）

甲码头乘轮渡二十分钟便可到达。

湄洲祖庙创祀于北宋雍熙四年（987）。开始仅"落落数椽"，名为"神女祠"，经过多次修建、扩建才形成规模。郑和、施琅等历史名人曾力主扩建，建筑日臻雄伟，最后形成了正殿、偏殿等五组建筑群，十六座殿堂楼阁，九十九间斋舍客房；雕梁画栋，金碧辉煌，恰似海上龙宫。后来庙宇几经损毁，日渐破败，20世纪80年代以来陆续重建，尤其是近十几年来，台湾妈祖信众到湄洲祖庙进香者日渐增多，海峡两岸信众同心协力，自愿捐物捐资，进行大规模的修复兴建。1990年农历九月初九日，台湾大甲镇澜宫捐建的石牌坊落成；台湾鹿港天后宫捐建的朝天阁、新港奉天宫捐建的梳妆楼分别举行剪彩仪式。

如今的湄洲祖庙建筑群以前殿为中轴线进行总体规划布局，依山势而建，形成了纵深三百米、落差四十余米的主庙道，从庄严的山门、高大的仪门到正殿，由三百二十三级台阶连缀的各组建筑气势不凡。在祖庙山顶，建有十四米高的妈祖石雕塑像，面向大海，栩栩如生。伫立山顶，

湄洲祖庙（爱琴 摄）

极目远眺，山海茫茫，水天一色；回望山下，整个庙群尽收眼底，构成了一幅瑰丽壮美的山水画。

在湄洲祖庙附近，还有"升天古迹"、"观澜石"、"妈祖镜"、"潮音洞"等景观，祖庙里还有重修碑记、御赐金玺、御赐匾额等文物。

（2）台湾分灵庙

明代，妈祖分灵庙越过海峡，扎根台湾。位于澎湖马公市区的天后宫是全台湾历史最悠久的妈祖庙，相传兴建于明代万历年间，当时还在庙前开了一个墟市，叫"妈祖宫市"。尤其清代康熙年间，施琅上奏加封妈祖为天后，台湾妈祖庙不断增加，规模日益壮观。台湾的妈祖信俗大部分是从福建、广东沿海特别是莆田一带传过去的，普及率很高，妈祖庙也非常密集。据《台湾地区神明的由来》一书介绍，台湾民间祀奉"天上圣母"的寺庙已经超过五百座，以台南六十四座为最，高雄六十座次之，再次为屏东及台中各四十九座、云

台湾北港朝天宫

台湾鹿港天后宫

林四十八座、彰化四十二座等。台湾妈祖庙名称不一, 有天妃宫、天后宫、妈祖庙、天后寺、天后祠、圣母坛、文元堂、朝天宫、镇澜宫、安澜厅、双慈亭、中兴宫厝等。庙中奉祀的妈祖, 因来自大陆不同的地方而有不同的称呼, 如由福建湄州祖庙分来的称 "湄州妈", 由同安分来的称 "银同妈", 由晋江分来的则称 "温陵妈"。各尊妈祖塑像面容着色有红面、乌面之别, 唯独澎湖天后宫是钦封 "天上圣母", 所以是独一无二的金面妈祖。早期的妈祖庙, 在例定诞辰日有 "遥拜" 仪式, 即在行 "三跪九叩" 礼时, 一律面向莆田湄洲祖庙。目前, 台湾本岛影响较大的妈祖庙有北港朝天宫、台北士林慈诚宫、锡口慈祐宫、大甲镇澜宫、鹿港天后宫等。

（3）香港分灵庙

"香港" 之名据说就来源于海上漂来的香炉, 渔民认为是妈祖显灵, 于是建庙奉祀, 从而产生香港地名。香港的佛堂门天后古庙建于南宋咸淳二年 (1266), 说明香港地区的妈祖信俗也有悠久历史。目前经香港 "华人庙宇委员会" 登记的妈祖庙有五十六座, 妈祖是香港拥有最多庙宇的神明。

香港佛堂门天后古庙

（4）澳门分灵庙

"澳门" 之名源于妈祖

阁，"娘妈角"即今妈祖阁，也是葡萄牙语将澳门称作"马交"的来历。澳门于明代开始建妈祖分灵庙，现存大小妈祖宫庙十多座。妈祖阁、普济禅院和莲峰庙并称澳门三大禅院，均供奉妈祖。

澳门妈祖阁

（5）日本分灵庙

近年日本学者调查考证认为，如今在日本共有长崎、鹿儿岛、冲绳、茨城、青森、千叶、神奈川、大阪、兵库等一府八县十七所流传着妈祖信俗，天后宫数目超过三百座。除明代传去的九州萨摩

日本长崎崇福寺妈祖堂

地区南端片浦的林家娘妈、长崎"三唐寺"妈祖堂外，其他大多属于清代分灵庙。古琉球国位于真谢港的姑米岛山上的姑米天后宫，为清代琉球册封使全魁和周煌于乾隆二十一年（1756）始建，竣工于乾隆二十四年，主要是给往来琉球海道的船舶指引方向，起航标作用。姑米岛今属日本冲绳县岛民郡。

（6）东南亚分灵庙

清代以来，马来西亚、新加坡、泰国等地都建有妈祖宫庙，包括会馆天后宫（过去在会馆奉有妈祖神，供侨民祭拜）。据不完全统计，马来西亚有天后宫

马来西亚青云亭

三十五座，新加坡有五十多座，菲律宾有一百多座，印度尼西亚有四十多座。泰国以佛教为国教，妈祖信俗主要在华侨华人中传播，但也有十二座寺庙主祀或附祀妈祖。缅甸、越南甚至柬埔寨、文莱也有妈祖宫庙分布。

（7）其他国家妈祖庙

据考证，朝鲜曾在平安道海岸建有妈祖庙，韩国在完岛等处

越南天后宫

印尼慧荣宫

也发现有妈祖宫庙的遗迹。全球除上述妈祖宫庙外，美国火奴鲁鲁（檀香山）、旧金山、大华府地区，加拿大维多利亚市等，都有清末所建的奉祀妈祖的馆庙。在巴西圣保罗、阿根廷、法国巴黎、挪威、丹麦、墨西哥、新西兰、澳大利亚、南非、毛里求斯等地也建有天后宫或会馆天后宫等妈祖祀奉场所，并呈不断扩展的态势。

（8）温州地区分灵庙

据近年调查统计，温州妈祖庙较多，共有两百多座，其中洞头二十三座，苍南一百二十三座，永嘉十多座，瑞安十多座，乐清十多座，泰顺十多座，平阳二十多座。

元代天历二年（1329），永嘉天妃庙已被列为朝廷谕祭庙之一，但其始建年代不详。明万历《温州府志·祠祀》载："顺济行祠，在城内龙王塔院前顺济坊。""天妃宫，在城内八字桥。"清代康熙、乾隆、光绪三部《永嘉县志》皆承袭其记。可见明、清时的天妃宫一直

东沙天后宫壁画（爱琴 摄）

浙江宁波庆安天后宫

在八字桥，只是不知其始建年代。

明嘉靖《瑞安县志·祠》载："天妃行祠，在西南隅岘山下。原在南门外濒江，洪武二十一年迁于此。"明初已迁建，其原庙必定建于前朝。

明隆庆《平阳县志》载："圣妃庙，在岭门。元至正间知州嗣德建。洪武七年改今额。明弘治三年，丞李选率乡人重建。"乾隆《温州府志》所记略同。

洞头因地方归属多变，史料未查到记载。

清代以来，妈祖信俗形成传播全球的格局，有华人的地方就有妈祖庙。清代晋江进士庄俊元用一首五言绝句将妈祖从湄洲走向世界的情况作了概括："宋代坤灵播，湄洲圣迹彰；至今沧海上，无处不馨香。"

3.妈祖文化的形成及其社会功用

妈祖文化是一种系统文化，是以妈祖信仰为主旨，妈祖宫庙、祭祀、神话传说、文学艺术等为主要载体，衍生并融合各种文化元素发展而来的一种特色文化。妈祖文化不仅具有十分丰富的内涵，而且产生了相当广泛的影响。

（1）妈祖文化的形成

"妈祖文化"一词最早是在1987年莆田举行的妈祖千年祭学术研讨会上，由上海师范大学林金文教授提出的，得到了多数人的认可。人们认为，妈祖文化是在最早的妈祖崇拜、妈祖信仰的基础上产生的一种民俗文化，虽以妈祖信仰为主旨，但又不等同于妈祖信仰，而是包含

虔诚的信众（爱琴 摄）

了从妈祖信仰到由信仰产生的一系列派生文化，具有丰富的内涵。妈祖文化包含妈祖文化的道德内涵、信仰内涵和多学科文化内涵。妈祖文化的道德内涵，即"立德、行善、大爱"的妈祖精神，这是最深层次的内涵，是妈祖道德品质和人格魅力的体现，是妈祖文化的核心价值所在；妈祖文化的信仰内涵主要包括妈祖的各种信仰活动和信仰习俗；妈祖文化的多学科内涵是指妈祖文化所包含的涉及各学科的文化内容。妈祖信仰历经千年不衰并成为一种世界性的信仰，正是由于妈祖文化所蕴含的妈祖精神的存在。

妈祖文化精神的主要体现：

第一，护国庇民的爱国爱民精神。从历代皇帝对妈祖的褒封和妈祖的神话传说中可以看出，妈祖精神的一个显著特点是"护国"和"庇民"。如元世祖赐予妈祖"护国明著天妃"的封号，明成祖赐予"护国庇民妙灵昭应弘仁普济天妃"的封号。而在中国反侵略战争

史上，中国官兵战胜侵略者也多次被说成是得到妈祖的"神助"，如明永乐十八年（1420）钦差都指挥张翥统领浙江定海卫水师大破倭寇、明万历三十二年（1604）金门主官沈有容驱逐荷兰侵略者、明永历十五年（1661）郑成功东渡收复台湾等。

第二，和谐包容的大善大爱精神。妈祖信仰崇尚善与爱的力量。怀有仁爱之心谓之"慈"，广行济世之举谓之"善"，爱与善相连，有爱才有善。妈祖所体现的神性最主要是爱，这种爱是母亲爱护儿女的无私的爱，是只讲奉献、不求回报的爱。而且妈祖的爱无等级、区域之分，体现了众生平等。

第三，不畏艰险、开拓进取的海洋文化精神。妈祖是海洋族群的精神寄托和保护神。妈祖文化通过妈祖神格魅力感染广大群众，帮助人们增强克服困难的信心与勇气，从而激励他们勇往直前、开拓进取。妈祖文化作为一种海洋文化，不仅表现出我国人民不畏艰险、勇往直前、积极征服的愿望、智慧和力量，而且表现出沿海人民不断扩展生存空间、追求美好生活的开拓奋斗精神。

（2）妈祖文化的社会功能

第一，文化认同功能。妈祖信众不只在中国，在东南亚乃至世界各地都有很多信众，共同的信仰加强了全球华人的亲缘关系，妈祖文化充当了中华儿女的文化认同纽带。千百年来，妈祖精神因为顺应人性，体现人类追求的"真善美"，所以才能延续下来。妈祖文化不仅是中华民族文化的一部分，也是全人类和平发展文化的一部分。正如日本鹿儿岛大学民俗教授下野敏见所言："妈祖不仅是中国的，也是东南亚的，而且是世界性的信仰传播，妈祖对世界文化有贡献。"妈祖文化有力地促成了不同祖籍、不同信仰人群的再度整合，妈祖文化成了社会凝聚的一种精神力量。

第二，海峡两岸交流的推进功能。对海峡两岸而言，妈祖的"和平使者"作用尤为明显。每年有十五万以上的台湾信众赴湄州岛妈祖庙和大陆各地妈祖庙进香朝圣，表达追根溯源的情感。妈祖文化是海峡两岸交流的重要桥梁和精神纽带，对地区的稳定和祖国的和平统一起到重要作用。

湄洲祖庙祭典（中华妈祖网　提供）

第三，旅游功能。妈祖庙内丰富的物质文化遗产是古代社会经济、文化、民俗、海外交往及贸易等情况的物质载体，是研究历代经济史、海外交往史、民族学、民俗学的可靠资料，妈祖庙是文化考察、修学旅游的理想目的地。另外，盛大的妈祖祭典民俗极具吸引力，全世界两亿多妈祖信众为朝圣旅游提供了充足的客源。

（3）成立中华妈祖文化交流协会

人类因文化而相聚，文化因交流而精彩。为了在更高的层次、更广的领域构建海内外妈祖文化交流与合作的平台，在1998年"纪念湄洲妈祖金身巡游台湾一周年"座谈会上，有部分妈祖文化机构代表提出要成立"世界妈祖信众联谊会"。2002年，在湄洲妈祖祖庙召

中华妈祖文化交流协会年会（爱琴 摄）

开的第一次筹备前期工作座谈会上，决定将拟筹建的"世界妈祖信众联谊会"更名为"中华妈祖文化交流协会"。2004年6月，国家民政部批复同意成立"中华妈祖文化交流协会"，这是国家批准的首个全国性妈祖文化社团。中华妈祖文化交流协会的成立，标志着妈祖现象被正式界定为妈祖文化，有利于团结海内外中华儿女，也有利于推进海峡两岸民间的交流与合作。

2004年10月31日，中华妈祖文化交流协会在莆田湄洲祖庙隆重成立，时任全国政协副主席、台盟中央主席的张克辉先生当选会长。中华妈祖文化交流协会的宗旨是：以促进交流为目的，以繁荣学术为载体，以开展活动为主线，以充实提高为主题，积极深入地推动妈祖文化的遗产保护、资源整合、学术研究、联谊交流、慈善活动、项目建设等各项工作，为海内外妈祖文化机构和人员开展学术研究、进行联谊交流、弘扬妈祖文化、增进理解共识提供重要平台。中华妈祖文化交流协会成立十多年来，较好地发挥了海内外妈祖文化机构之间交流联谊的桥梁和纽带作用，"世界妈祖同一人，天下信众共一家"。

2011年11月，洞头县东沙天后宫、沙角天后宫作为会员单位加入中华妈祖文化交流协会；2013年10月，洞头县妈祖文化交流协会作为理事单位加入中华妈祖文化交流协会；2014年4月，沙角天后宫被提升为理事单位。

二、洞头妈祖信俗

洞头妈祖信俗是在洞头特定的地理环境、历史发展、生产生活方式中产生、传承、发展的信仰习俗，与海相伴、靠海为生的劳作方式深深影响着洞头群众的思想观念，也形成了渔区人民信奉海上平安神妈祖的特色风俗。

二、洞头妈祖信俗

　　洞头妈祖信俗是在洞头地理环境、历史境遇、生产生活方式中产生、传承、发展的独特的民俗和非物质文化遗产。

[壹]洞头妈祖信俗的产生背景

1.独特的地理环境

　　洞头县是浙江省温州市辖县，地处浙南沿海、瓯江口外，是全国14个海岛县（区）之一，由168个岛屿组成，有"百岛之县"和"东

洞头县城一角（翁华清 摄）

洞头岛（洞头县宣传部文化科 提供）

海明珠"的美称。全县总面积892平方千米，其中陆地面积100.3平方千米，户籍人口13.14万，常住人口约9万，辖北岙、东屏、元觉、霓屿4个街道，大门镇和鹿西乡。洞头县属亚热带海洋性季风气候，温暖湿润，四季分明，冬暖夏凉。洞头是浙江第二大渔场，全国海钓基地，全国唯一以县域命名的4A级旅游区，与楠溪江、雁荡山共同构成温州市"山江海旅游金三角"。

洞头岛在历史上叫中界或中界山，最早见于唐朝温州刺史张又新的《中界山》诗。《清一统志》舆图中更是明确无误地在今洞头岛位置标明"中界山"。

洞头列岛居民的先祖，绝大多数来自福建的泉州、漳州、厦门及温州的永嘉、乐清，语言分为闽南语和温州方言两类。汉族人口占98%以上，还有小部分回族人口。

洞头县距台湾只有138海里，机动船仅需8小时就可到达。早在清末民国初年，洞头与台湾的民间贸易往来就很频繁，一直延续到

20世纪40年代后期。

2.多变的建制

洞头置县历史较短,但开发历史悠久。据洞头九亩丘遗址出土文物考证,早在三千多年前,洞头列岛就有人类活动。

洞头九亩丘遗址(县文保所 提供)

春秋战国时期,洞头为瓯越之地。

秦朝,属闽中郡。

西汉始元二年(前85),属回浦县,隶会稽郡。

东汉建武元年(25)至三年间,改回浦县为章安县;永和三年(138),析章安县东瓯乡置永宁县,遂为永宁县地,仍隶会稽郡。

三国时属吴国,仍为永宁县地。太平二年(257),分会稽郡东部置临海郡，永宁县属之。

东晋太宁元年（323），分临海郡立永嘉郡，以永宁县为郡治；宁康二年（374），分永宁县置乐成县，今洞头县境遂为乐成县地。

隋开皇九年（589），改永宁县为永嘉县，隶处州，今洞头县境为永嘉县地；开皇十二年（592），改处州为括州。

唐武德五年（622），分括州置东嘉州，分永嘉县复置乐成县，今洞头县境又为乐成县地，隶东嘉州；武德七年（624），撤乐成县并入永嘉县，今洞头县境复为永嘉县地；贞观元年（627），废东嘉州，永嘉县隶括州；上元二年（675），分括州置温州，设州治于永嘉；载初元年（690），复置乐成县，隶温州，今洞头县境复为乐成县地。

五代十国时期，乐成县属吴越国。后梁开平二年（908），改乐成为乐清，今洞头县境为乐清县地，仍属温州。

南宋咸淳元年（1265），属瑞安府。

元朝，属温州路。

明朝，属温州府。

清雍正六年（1728），置玉环厅，隶温州府，今洞头县境为玉环厅第二十都。

民国元年（1912），改玉环厅为玉环县，隶瓯海道，今洞头县境为玉环县第四区。民国25年（1936），今洞头县境建政为三盘区。1952年1月15日洞头全境解放后，仍属玉环县。

　　1953年6月10日，中央人民政府批准洞头置县，隶浙江省温州地区专员公署。1958年5月29日，国务院批准撤销洞头县建制，当年7月1日起划归玉环县。1959年1月7日，国务院决定撤销玉环县建制。当年4月1日，洞头划归温州市。1964年10月31日，国务院批准恢复洞头县建制，隶浙江省温州地区专员公署。1965年3月1日起，洞头县人民委员会正式对外办公。1981年9月22日，温州地区与温州市合并，洞头县即改隶浙江省温州市。

　　1990年底，洞头县设一区、二镇、十一乡，辖北岙镇（县城）、大门区、黄岙镇、鹿西乡、大门乡、浪潭乡、元觉乡、霓南乡、霓北乡、三盘乡、北沙乡、双朴乡、洞头乡、半屏乡、大门镇。二十多年来，洞头

海岛渔村（蔡海强 摄）

县的乡镇区划又作三次调整，2011年起，辖北岙、东屏、元觉、霓屿四个街道办事处和大门镇、鹿西乡。

3.悠久的渔业发展史

洞头居民祖祖辈辈以渔业为生，妈祖信俗是洞头民众传统信仰活动和海上生活积累而成的精神产物，是与海洋渔业生产息息相关的文化形态。

洞头的海洋渔业历史悠久。据《洞头县海洋渔业志》，唐宋以前洞头列岛就有人从事海洋捕捞业，以不定居的季节性生产为主，每逢汛期，人们上岛结草为庐，打鱼为生，汛后返回大陆。南宋建炎年间（1127—1130），张网渔民逐渐向沿海岛屿发展。明洪武十八年（1385），朝廷因"倭寇扰边，徙海中居民，以虚其地"，实行海禁，洞头居民内迁，诸岛荒废；后倭患平息，复有人迁回定居。明洪武二十年（1387），福建人张坦熊在洞头洋面进行延绳捕捞作业。清顺治十八年（1661），为镇压沿海地区人民的反清斗争，政府以"郑成功踞台湾掠沿海村坊"为名，颁布海禁，下令"撤边海三十里"。洞头诸岛居民再次被迁，不过仍有少数人留居岛上生产。

洞头列岛上从事渔业生产的渔民，其所使用的渔具最早是小舢板，甚至有用竹筏的，以人力为动力，划桨或摇橹，后来竖起桅杆，张起风帆，利用风力为动力。到南宋时期，随着造船业的发展，有了白底船，船体扩大，但仍是木帆船。据《特开玉环志》载，清雍正年间（1723—1735），洞头有各种渔船18艘。民国8年（1919），三盘岛（今洞头县）境内有各类渔船350艘，主要是张网船、白底船、撂网对船（现在北岙街道三盘社区就有一个叫撂网岙的村）。1956年引进福建省连江县第一艘机帆船，到1980年达696艘，基本实现海洋捕捞机动化。全县有渔业乡镇10个，渔村55个。1952

白底船模型（文婷 摄）

年洞头全境解放时，总人口49879人，渔业人口34100人，占68.37%；1980年，渔业人口占总人口81.89%，比例最高；1992年，渔业人口

三盘渔港（洞头县宣传部文化科 提供）

89260人，占全县人口71.25%。

　　洞头的海洋渔业生产因作业
不同，网具结构形式和使用方法
各不相同，以钓具类、拖网类、张
网类和围网类为主。渔网的发展
经历了从莒麻网到棉纱网、再到
尼龙网的过程。明代就有以莒麻
为原料的渔网，至1963年开始以聚
乙烯渔网替代。

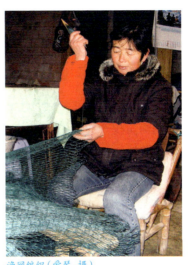

渔网编织（爱琴　摄）

　　洞头洋（洞头渔场）水产品
丰富，种类多，数量大，能捕捞到的鱼类达三百多种，其中常见的有
四十种。此外，还有虾类四十多种，贝类二十多种，蟹类近十种，藻
类五种等。新中国成立前，洞头渔民主要作业于洞头渔场、披山渔
场；新中国成立后，发展到大陈渔场、舟山渔场、吕泗渔场及闽东渔
场、闽中渔场等。洞头渔场是浙江省第二大渔场，主要渔汛有小黄鱼
汛、大黄鱼汛、乌贼汛，还有带鱼汛和海蜇汛等。每年渔汛一到，福
建、广东、台湾、江苏、上海等地的渔船汇集在洞头渔场，进行渔汛
生产。繁盛时，作业单位达几千个之多，洞头渔港成了欢乐的海洋，
渔船机器轰鸣声、渔民拔锚号子声、渔商接货洽谈声连成一片。

　　洞头渔业生产的发展带动了渔业销售的发展。在明代就有自行叫卖的古老的销售方式，到清代出现"挑鲜"，流传至今。从清代始，洞头就有渔行、渔栈，渔行把收购来的鱼货转卖出去，或加工成干品、腌制品后卖出去。一年四季都有从事水产品生意的商贩纷至沓来，在洞头诸岛采购干鲜咸腌的水产品，运往内地销售。当时三盘的海蜇提干非常有名。据清光绪六年（1880）《玉环厅志》记载，洞头列岛"夏秋时海蜇旺发，商贩云集，甲于环山诸埠"。清人王步霄有《海蜇诗》赞誉洞头海蜇市场交易之盛况："美利东南甲玉川，贩夫坐贾各争先。南商云集帆樯满，泊遍秋江海蜇船。"民国35年（1946），洞头诸岛有各种渔行、渔栈、渔厂二百五十余家。

文保单位叶氏渔行后宅（洞头县文保所 提供）

与海相伴、靠海为生的劳作方式深深影响着洞头居民的思想观念，也形成了渔区信奉海上平安神妈祖的特色风俗。

[贰]洞头妈祖信俗的形成原因

1.海上生产和贸易的需要

洞头有一首流传极广的民间歌谣《客鸟歌》："客鸟乞溜溜，你翁去泉州。泉州好所在，爱去不爱来。娘呀娘，不要哭，十日八日就会到；头帆拔起呼呼吼，二帆拔起到宫口。鱼盐一布袋，鳗鲞几十尾，哥呀寄来阿娘配。叫你勤心做家务，不要整日想别处。"

这是一首用闽南语唱的民歌。"客鸟"即喜鹊，"翁"是丈夫，"所在"是地方，"娘"是对少妇的称呼。歌谣反映了当时的社会现象和经济生活，佐证了洞头与泉州的情缘：一是洞头讲闽南语的居民中相当一部分来自泉州；二是洞头与泉州的贸易往来较盛，泉州早在宋元时期就是闻名海内外的大港、"海上丝绸之路"的起点，重商好利的文化氛围对当时仍很闭塞的洞头极具诱惑力，人们向往回到祖居地"赚大钱"；三是经商者期望得到妈祖的庇护，那时洞头的渔港、渔澳大多建有妈祖宫，民歌以"到宫口"指代回家。

海上贸易一本万利，但比陆地上的买卖风险更大，如果商船在海上遭遇暴风，不仅货物尽抛入海，甚至连人的性命也保不住。为了安全航行，海商船户除了依靠简单的指南针导航和自己的航海经验之外，在心理上求助于妈祖神灵的庇护，即"桴海经商，崇奉天上圣母，以期慈航普济"。这样，妈祖信仰就成为海商、船户、水手以及旅客在海上与狂风恶浪作斗争的精神支柱。他们不仅在商船离港之前到附近的妈祖庙祈祷，而且还在商船中设置神龛，供奉妈祖神像，以期"梯航所过，弓影蛇形，皆有天妃在其意中，在其目中"。妈祖自然而然成为航海商人顶礼膜拜的保护神。

2.规避风暴灾害的需要

洞头妈祖信俗的形成除受特定的地理、生产、生活等普遍因素的影响外，还有一个特殊的因素，就是风暴灾害。俗语云："靠山吃山，靠海吃海。"千百年来，洞头渔家人以海洋捕捞为主业，潮起扬帆，潮落进港，搏击在海天之间，收获在风浪之中。然而，大海在以博大无私的胸怀给予渔民无尽馈赠的同时，也以其暴戾与叵测带给渔民深重的灾难，渔家人经常是用生命换取全家人的温饱。

每年的七月到九月是台风多发季节，洞头作为海岛县常首当其冲，要受几番

台风袭击渔港（郭为民 摄）

台风的袭击或影响。在洞头民间流传着一首渔鼓唱词《魟鱼案》，把1922年一次强台风过境的情景记述得十分详尽，形象地描绘了旧时代大灾之后的社会众生相。

民国壬戌十一年，七月二十作歹天。

狂风大雨立时起，雷公闪电无改移。

千年古树连根拔，多少厝宅推尽平。

百岁老人未见过，这个台风真出奇。

商船正在文岙口，老大看云心惊疑。

一十八人坐帆走，立刻送命归阴司。

……

可见风暴（包括热带风暴、强热带风暴、台风）对海上作业者的影响。新中国成立后，虽然渔业生产的安全性有所提高，但台风还是会对人民群众的生命财产造成极大威胁。根据《洞头县海洋渔业志》记载，1952年至2000年，就有十三次强台风袭击洞头。

一次次海上历险，一次次生命代价，使渔家人对作业安全十分关注，对大海无比敬畏。过去的年代，由于认识的局限，渔家人认为自然现象是由上天神灵控制的，人一点也做不了主，正如当地民谚所说："脚踏船板三分命，七分交给海龙王。"船上的渔民经常处于危险之中，岸上的亲人也因此经常处于惊骇之中，可以说，旧时的洞头人是在惊惧担忧中度日的。渔家人把每一次顺利返航、满载而归归功于神力所助，而每一次海难也归于鬼怪所为，对鬼神的敬仰、畏惧和对海洋劳作的祈福构成了渔民的主体心理定式，于是就有了渔民对妈祖的信仰。每当遇上可怕的大风浪等危险时，渔民都会祈求天后妈祖的帮助，若能渡过难关，他们便相信这是妈祖在保护他们。久而久之，洞头的渔家人就形成了供奉妈祖的习惯，妈祖就成了洞头渔民出海生产的保护神。

在洞头的大部分天后宫中，妈祖圣像旁供有两尊神像，一尊是顺风耳，一尊是千里眼。海上作业时，天气变化无常，人们无法掌控，便将一切交托神灵，希望千里眼、顺风耳能以神力预知危险，使妈祖掌握险情，及时出手解救遇险的船只。随着现代渔业生产技术的进步，许多旧的生产习俗正在消除，科学的生产观念正在形成。

3.妈祖灵应传说的影响

妈祖灵应传说在各个朝代、各个地方都有，洞头县也不例外。

(1)鲨鱼拜妈祖

每年农历三月二十三日妈祖诞辰这一天，东沙港湾外的灯芯屿海面上常有成群的鲨鱼朝着天后宫方向游过来，排头接尾，一起一伏作朝拜状，然后离开。渔民们说，这是鲨鱼在拜妈祖。每年这一天，天气也大多晴和，鲨鱼拜妈祖蔚为奇观。

龟屿（文文 摄）

（2）龟蛇屿报暴头

东沙村与斜对面的岙仔村靠海边各有一座突出的山包，东沙村的山包像龟头，俗称龟屿，岙仔村的山包像蛇，称蛇屿，两者相隔大概一百米。每当大风或风暴来临之前，在龟屿和蛇屿之间的天空中会浮现一层白雾。渔民一看到白雾横空，就知道要刮大风或起风暴，决不会出海捕鱼或在海上作业，他们认为这是妈祖给讨海人的信号，提醒大家注意安全，不要出海。

（3）妈祖泉抗旱灾

据说有一年夏季，洞头列岛一百天没下一滴雨。当时岛上日常生活用水全靠天公赐雨，于是人们寄希望于神的保佑，到天后宫祈求妈祖。说来也怪，连着好几天晚上，东沙村的好多人做了同样一个梦，梦见天后宫左边山坡下的一个低洼处流出一股白花花的泉水，清澈、甘甜。一人讲起做梦的事，好多人都有同感。于是人们一齐去察看，动手去挖那山洼处湿漉漉的泥土，突然喷出一股泉水来。泉水解除了本村干旱缺水之苦，邻村和港岙里的渔船也纷纷前来取水饮用。讲来也怪，水窟里的水取多少流多少，从不减少，也不溢出，人们都讲，这是妈祖赏赐的救命水，就把这水窟称作"妈祖泉"。

（4）妈祖印挡风浪

　　东沙天后宫前面近百米处的海湾中有一座高出水面的小岛礁，状似印模，当地人尊称为"妈祖印"。讲起这妈祖印，作用可大着呢！东沙渔港是洞头县本岛的第二大渔港，一年四季在这里停泊的各类

妈祖印（许文国 摄）

渔船近千艘。每年夏季东南风起时,从东南方向涌入的海浪滚滚而来,有如万马奔腾,可浪头涌到妈祖印时,却会自然退去,因而港区周边的上千户人家不受风浪袭击,港内停泊的渔船得保安全。人们都说:妈祖圣地,得天独厚,神灵造化,百姓安然。

(5)龟蛇举火,吓退海盗

每年正月十五元宵佳节之夜,东沙天后宫都要举行妈祖巡安"迎火鼎"活动。有一年,迎火鼎队伍鼓乐高奏地从妈祖宫出发,停泊在港岙里的渔船也一齐响应,挂起桅灯,放起鞭炮,东沙渔港和周边村庄进入狂欢之夜。有两艘海盗船趁当地人"欢庆佳节,闹欢不备"之际,偷偷摸摸从外海地向东沙港驶来。快要接近东沙港时,突然看到港口山头火光冲天,立即惊恐起来,以为东沙港人已经察觉到他们的行踪,在山头举火为号,报警杀贼,便急匆匆掉转船头,向外海遁去。此事原本无人知晓,后因一艘渔船在海上遇盗,海盗述说其事,才传开来。原来那一夜船上燃放的鞭炮掉落在西边的蛇屿山上,引燃枯草,形成山火而吓跑了海盗。此事一传开,大家都说是妈祖圣灵的庇佑,使东沙港逃过一劫。

(6)妈祖符保平安

东沙村有陈姓兄弟俩,海上捕捞为生。为求平安,他们的老母亲专门从天后宫请来两个用红布缝成的"妈祖平安符",给兄弟俩佩戴,出海护安。

　　一年春汛，兄弟俩的渔船遇上了海贼船，几个贼人登船劫掠鱼虾。弟弟是个硬汉子，不怕死，与一个抢鱼的海贼动手撕扯，海贼发现了他脖子上挂着的妈祖平安符，不知怎的，眼露惊异，随即放手，并招呼同伙停下来。那海贼问："你们是哪里的渔船？""是洞头岛的。""你们也信妈祖婆？""我们讨海人最信妈祖婆了，她能为讨海人去难消灾，可灵着呢！"一问一答中，原本紧张的气氛一下子缓和下来，海贼对弟弟说："鱼虾我们不要了，你把平安符送给我，好吗？""为什么？"海贼叫大家坐下来，开始讲述自己的身世和遭遇。

　　原来这海贼是福建潮州人，父母单生他一个，为祈求他平安成长，母亲到当地妈祖庙请来一只妈祖平安符给他挂上。不料十六岁那年，他因与讨债的大户人家发生纠纷，一时气不过，放火烧了那家宅房，事发后驾驶小船漂流海上，幸被一艘船所救。后知那是一艘专做"海上营生"的船，反正走投无路，他就入了伙，后来船主患病去世，他就成了这条船的头目。母亲给他的妈祖平安符藏在内衣中，谁知一次洗澡时被海风吹落海中，从此失去平安符，好像也失去了定心丸。做海贼也是迫于无奈，如有机会，当洗心革面。他的一番自白让所有人动容，陈姓弟弟立即解下平安符，双手递赠，一场劫难化于无形。据说那个潮州人不久便改邪归正，潜回家里，偷偷接出父母，在闽浙交界的一处偏僻山村隐居下来。他还专程来洞头东沙村找陈姓兄弟，到妈祖宫朝拜妈祖婆。

东沙妈祖宫有颂诗一首，是这样写的：

> 东沙妈祖出湄州，南国圣灵镇洞头。
> 岛际风平安居宅，海疆浪静乐渔舟。
> 济仁播德仰天后，遗爱施恩愿可求。
> 赫赫神光护百岛，昭昭圣迹传千秋。

妈祖灵应传说越传越广，越传越神，使得妈祖庇佑渔家的信念深入人心，妈祖信仰也更加广泛地传播。

[叁]洞头妈祖宫

洞头人笃信妈祖、崇拜妈祖的习俗，据考始于明末清初，已有近四百年的历史。洞头是浙、闽沿海渔民捕捞生息的最佳场所，福建的惠安、崇武、莆田、泉州等地渔民，每年春汛一到，便驾渔船来到洞头，在现在的东沙、后垅、元觉一带的山岙、港湾内搭建茅寮，进行海上捕捞作业。他们带来了妈祖信俗，影响了当地居民，逐渐在渔澳建起妈祖庙。洞头县六个街道（乡镇）建有妈祖宫十三座，妈祖与其他神灵合祀的宫庙有十座。人们敬仰妈祖，祈求妈祖保平安，妈祖宫的香火也一年比一年旺盛。凡有妈祖宫的地方，历来都是海上作业较繁荣的地区。

1.北岙街道东沙天后宫

东沙天后宫位于北岙街道东沙村（原北沙乡东沙村），建于清乾隆年间，由门厅、戏台、两厢、拜亭、畔室、大殿组成合院式木构建筑，坐北朝南，占地面积442.7平方米，建筑面积400平方米。门厅面阔三间，明间门楣嵌有"天后宫"匾额，两侧镌楹联，上联"灵风远卫神州两岸"，下联"坤德长垂海国辟山"。戏台背靠门厅明间，六柱、悬山顶，檐角四出，精巧玲珑。分上下两层，后壁设梯上下。楼层利用立柱安上"天壁"，隔成前后台。天壁大回窗内绘彩色封神戏文图案。两旁开进出二门，门左题"入相"、右书"出将"。顶棚设藻井，上圆下方。井口呈八角形，施五重斗拱。穹顶圆形，饰日月图案。

东沙天后宫（爱琴 摄）

东沙天后宫正殿（洪晨 摄）

正面两柱悬挂楹联，上联"观舞台三百年古迹长存"，下联"听戏文五千载历史巨变"。拜亭文形，四柱、悬山顶，中为通道，两侧设坐虎。通道地面直嵌正方形石板三块，俗称"三拜石"，系祭拜妈祖用。拜亭上方，发八角台顶，中绘嫦娥奔月图，外设十二格，格内分别绘扇形花草画。正殿面阔三间，后檐柱间辟设神龛，安设妈祖软身木雕坐像，两侧站立四名侍女。大殿前两侧为东西畔室，室内陈列海船模型，这是因为妈祖是海神，船便于她救助海难。

据东沙老一辈渔民传讲，东沙天后宫的来历是这样的。

东沙渔港是天然的避风良港，每逢渔汛，福建的渔船就来生产，在这里避风补给、交易鱼货。福建渔民来洞头不但带着家眷，而

且会把妈祖神像一起带来,以祈妈祖保佑平安、生产丰收。有一年,福建惠安的一艘渔船来到东沙港,船上供奉着樟木雕刻的妈祖神像。这尊神像十分讲究,妈祖的手、足和身体之间,是用榫头相接的。渔汛结束返乡前,他们按照惯例,奉迎妈祖像到岙口祭谢。祭拜完毕,妈祖的手、足忽然掉了下来。就在惠安渔民尴尬之时,一旁的洞头渔民说:"妈祖不想回去了,东沙港风光好,妈祖喜欢留在这里,就把这尊神像送给我们吧!我们一定会好好供奉的。"惠安渔民见此情景,欣然答应。当时在场的本地渔民有十六人,来自周围的几个村,大家一齐上前争夺佛像,有抢到身子的,有抢到手的,也有抢到足的,都要回各自村岙建庙。惠安渔民劝解说:"妈祖喜欢这个岙口,大家把神像装好,就在这儿建庙吧。"于是,由这十六人组成首事会,分头集资,按惠安妈祖庙风格建起了天后宫。这里原来是无名村岙,后来就叫作妈祖宫自然村了。

东沙天后宫曾于清道光、咸丰、光绪年间多次修缮。1929年再次维修,并增建门厅、两厢及山门台,遂成现存规模。宫中有两副楹联,一副是"圣迹溯湄州,蒙雨调风顺之佑,三千里舳舻长古香烟留弗替;母仪瞻东谷,自乾道嘉咸而后,二百年俎豆至今庙貌喜重新",这是1929年重修天后宫时题的,把东沙天后宫的由来、发展历史及重建后庙貌一新的情况概括得十分到位;另一副是"靖妖氛乎海国懿德配天,著福泽于人间母仪称后",颂扬了妈祖惩恶扬善、为民造福的功德。

东沙天后宫是洞头县现存最古老、最精致的建筑物，具有较高的历史、科学、艺术价值，1986年被列为县级文物保护单位，1997年被列为浙江省重点文物保护单位，整座建筑受到严格保护。

东沙天后宫自落成以来，一直是人们朝拜、谢神、祭祀的中心，尤其是每年农历三月二十三日妈祖诞辰那天，这里通宵达旦举行祭祀大典，并进行演戏活动，游人如潮，气氛热烈。

2.元觉街道沙角天后宫

沙角天后宫位于洞头县元角街道沙角村东首码头附近，前有石子滩，长约百米，后有古榕，弯腰亲吻屋面，潮来潮往，风吹浪逐，风光独特。

沙角天后宫建于清道光年间，木石结构，分大殿、东西厢房、天井、戏台等部分。庙宇坐北朝南，通进深20.55米，山门面宽17.35米，中开一门，戏台紧靠山门而建，中隔天井，面对后殿，两侧建廊楼；后殿三开间，穿斗式梁架结构，殿两旁开两扇边门，供平时出入之用。原占地面积约600平方米，建筑面积410平方米，1986年被列为洞头县第二批文物保护单位。

现在的沙角天后宫是整体落架移位后的庙宇。前些年，由于洞头五岛连桥工程的实施和南片滩涂的围垦，开山放炮、筑堤造路，沙角天后宫周围环境遭到严重威胁，宫庙近一半建筑位于堤坝和公

沙角天后宫（爱琴 摄）

沙角天后宫后殿（爱琴 摄）

路的下端。经温州市文物专家以及市、县有关部门论证决定,筹资150万元,将天后宫抬高70厘米,整体向前推进6米,东西厢房推进2米,拉长天井和戏台的距离4米,建成了现在的规模。现在的天后宫总占地面积1855平方米,总建筑面积518平方米,殿内雕梁画栋,亭台楼榭,飞檐翘角,建筑技术高超,绘画技巧精湛,雕刻艺术精细。文物专家考察后认为,沙角天后宫这一清代建筑能这样保护,在海岛实属少见,是一大幸事。

3.东屏街道中仑后垅天后宫

中仑后垅天后宫原址位于东屏街道中仑村后垅芦竹脚自然村普度埕,木石结构,单间面,建筑面积20平方米左右,建于清康熙年间,据调查是洞头最早兴建的妈祖庙。

据当地人说,中仑后垅普度埕自南宋年间就建有妈祖庙,延续至元、明,庙宇神佛有求必应,因此香火旺盛,后来渐成废墟,仅存墙壁遗迹。

清康熙年间,洞头渔业逐步发展,后垅是天然避风港,各地渔民商贾云集于此,福建钓(排)船季节性地在中仑村后垅芦竹脚平地搭建简易房,俗称"钓寮后"。渔民商贾为求出海生产安全,便在后垅天后宫的遗址重建天后圣母庙,还相继在天后宫门前海边和旁边尾山鼻海边建造了两个埠头,便于船民往返。生产进一步发展,"市面"也逐渐繁荣,后垅街和中仑街应运而生,渔行、当铺、染布

中仑后垅天后宫（爱琴 摄）

店、米店等遍布街道两旁。渔村的繁荣引起了海盗的觊觎，"红头毛番"经常来侵。据传，嘉庆年间为防海盗来袭，尾山鼻设有炮架和土炮，叶德狮为炮手，曾打死打伤不少"红头毛番"，就地挖了两个大坑埋葬海盗，因此尾山鼻也叫"番仔墓鼻"。据老辈人讲，有一年遭遇特大风暴，风浪将钓寮后简易房及滩头船只全部打翻，损失惨重，从此后垅街逐渐消失，但天后圣母庙的香火仍然不断。

自从后垅街衰败以后，渔行逐渐转向洞头村，商业转向北岙，形成了如今繁荣的洞头渔港和北岙街。虽然后垅街已消失数百年，但它对整个洞头的经济发展作出的贡献，在《玉环县志》中都能够查证。20世纪80年代洞头县铜山制药厂扩建库房时，在原后垅街挖出了一批元代龙泉窑青瓷文物，经鉴定有八百余年的历史，属国家一级文物，现藏于温州市博物馆。

2004年，洞头县规划在天后圣母庙周边海域和尾山鼻一带建设科技园区，为服从国家建设需要，经多方努力，2007年中仑天后宫迁建至中仑村龙井路地段。现天后宫占地面积1350平方米，建筑面积246.21平方米，庙前另设香烛亭，为钢筋混凝土结构，于2008年2月竣工入殿。

4.霓屿街道正岙大德圣母宫

正岙大德圣母宫始建于1857年，位于霓屿街道正岙村南山高山

霓屿正岙大德圣母宫（许文国 摄）

坪，面对小霓岛屿，地理位置优越。据传一百五十多年前，海上漂来一尊樟木佛像，人们从后座小盒里掏出一张字条来一看，方知佛像是厦门漂来的，神名是大德圣母娘娘。于是人们在南山后山脚下建起了大德圣母宫，后经几次维修扩建，寺庙面积不断扩大，达到90多平方米。虽然山脚下的路比较陡，但宫中香火终年旺盛。

2005年，温州半岛工程（南堤）施工，南山后成为采石场，大德圣母宫迁到南山高山坪，占地面积380平方米，建筑面积126平方米，为混凝土框架、琉璃瓦、重檐式建筑。大殿三间，前方设有香亭，周围林木参天，环境优雅。庙中塑有大德圣母娘娘、五通娘娘、太岁爷、文昌爷、土地爷神像。每年三月廿三日妈祖诞辰做道场，全乡的信男善女会集于此，有时达上千人，场面热闹非凡。

5.元觉街道状元岙天后圣母娘娘宫

状元岙天后圣母娘娘宫位于元觉街道状元岙村，清光绪二年（1876）兴建，建成后经多次整修，现占地面积450.2平方米，建筑面积420.1平方米。娘娘宫依山势而建，坐东北朝西南，属土木混凝土结构，前殿建有戏台，左右两廊，后为正殿，正殿供妈祖神座，神座前设祭拜香坛。宫内保存着一块完好的立于清光绪二年的建宫捐资功德碑，列有近百名捐资人的姓名，捐资款以纹银（白银）、铜钱数计，有白银二两、一两不等或铜钱二千、千五不等。

状元岙天后宫（许文国 摄）

　　状元岙天后圣母娘娘宫距小北岙天后宫仅两百米之遥，为何这么近会建有两座天后宫？当地人传言，一百多年前，状元岙港就是南来北往渔船的停泊地，渔民、渔商集资在状元岙建了天后圣母娘娘宫。有一年做法事时，因出资产生矛盾，小北岙村人一气之下又自行集资建了一座天后宫，且规模比状元岙的还大些。从此，两座天后宫同时接受参拜、供奉，香火也都十分旺盛。

　　状元岙天后圣母娘娘宫从民国时期至1980年一直被作为元觉岛的小学教学场地。1997年，村人集资31.56万元进行修缮，宫容宫貌焕然一新。

　　人们除每月初一、十五上香礼佛和节日祭拜供奉外，每年三月廿三日妈祖诞辰还要请道士"作敬"，全村信众和外村来客约三四百人参加。

6.元觉街道小北岙天后宫

小北岙天后宫位于该村背后的山脚下，坐东北朝西南，始建于光绪年间，新中国成立初期（1952—1955）驻有解放军部队，后为元觉乡粮站仓库，1958年"公社化"时为生产大队的大队部，1970年一场大火把旧宫庙烧为灰烬，1972年重建了一座简陋的天后宫。

2005年，当地老人发起集资，重建天后宫。现在的天后宫仿清宫庙风格，为砖木结构，有前进、宫前门、中天井、简易两廊、后殿，总建筑面积约200平方米。后殿主座上供奉妈祖圣像，两边供奉相关神像，中央摆设香坛，左右壁画十分精美。

每月初一、十五和民间节日，信众都会来庙里烧香祭拜，三月

小北岙天后宫（许文国 摄）

廿三日妈祖诞辰，有几百人参加活动。该宫香火不绝，但周边都是民宅，因此每日都安排信众值班。

7.大门镇小门山天后宫

小门山天后宫始建于清嘉庆年间，后倒塌，1994年重建。该宫坐北朝南，建筑面积868.86平方米，庙内供奉有妈祖娘娘、三官大帝、观音菩萨、陈十四圣母娘娘、土地公、土地婆等。除初一、十五祭神外，每年农历三月廿三日妈祖娘娘诞辰，宫中会请道士先生八至十人做三天道场。元宵期间进行妈祖出巡活动，首饰龙、龙档一同巡游，信众在自家门口准备香案，并用各种烟花、爆竹、手捧香跪拜迎接，希望妈祖平安出巡，为人们带来风调雨顺、五谷丰登的好日子。

小门山天后宫

8.大门镇观音礁天后宫

观音礁天后宫位于大门镇观音礁村后乑。据当地传说，在清嘉庆年间，农历七月时，一次较大的台风暴雨后，一个王姓渔民去海边查看自家的渔船，发现滩涂边漂来的木板、毛竹混合物中，有一尊木雕佛像。他抱着佛像往家走，离家门不远时，不知为什么就是抱不动。村民们看到佛像，提议在山坳给佛像安个家。于是大家动手建造了一间小庙宇，当地村民常到庙宇祭拜，但谁也不知道佛名。没过多久，福建一渔商因缺淡水，靠岸取水，发现了这座庙宇，就到庙里上香。有人问他这是什么佛，他说："是妈祖娘娘啊。"大家才知道这是从福建漂来的妈祖佛，于是该宫始称妈祖娘娘宫，后改称天后宫。

观音礁天后宫因风雨侵蚀，前殿倒塌，只留后殿；宫前有两株

观音礁天后宫（陈友敏 摄）

大樟树，高约15米，东面樟树雕刻有妈祖娘娘像，西面樟树雕刻有五显大帝像，可惜后来被伐。1989年10月，两进庙殿被大火烧毁，一些重要文物全部毁坏。1990年初，观音礁村信众集资重建天后宫。

现在的天后宫坐北朝南，由于地形原因，大门边开朝西，进深约15米，宽13米，宫西首原前殿面积约300平方米。宫内供奉着妈祖娘娘，驾前有千里眼、顺风耳，边龛设土地公婆、招财爷、三官大帝等。出海前，附近渔民都到宫内烧香、许愿，祷告妈祖保平安、多捕鱼，回港后拿两条最大最好的鱼到宫里祭拜。农历三月廿三日妈祖诞辰，宫内非常热闹，道士做三天道场，摆上十几桌供来客吃福。农历正月十五前后，天后宫会组织马灯戏到各村进行巡安活动。

9.北岙街道后垄口天后宫

后垄口天后宫约建于清雍正年间。当时，后垄鼻至打水鞍鼻是一个浅水海湾，后垄口位于海湾内，后垄鼻建有靠船埠头，专供南北货船靠埠交易，后垄至后坑逐渐形成一条非常繁荣的商业街，称"后垄街"，而后垄口的内海湾则专门停泊渔船、商船。从后垄口至后垄不到四百米的海湾内建有三座天后宫，即后垄口天后宫、后坑天后宫（中普陀寺内）和后垄天后宫，这是出于当时渔业、商业发展的需要。妈祖是海上保护神，渔船在海上从事捕捞作业，商船南来北往在海上航行，都希望"风平浪静，不遇海盗，平安顺事，免灾去难"。因此，渔、商各自选址，就近建起了三座天后宫，方便跪拜祈安。

　　原后垵口天后宫因年代久远，破败不堪，1999年冬，当地商人张
孚顺带头出资进行拆建。新建成的天后宫为砖木、混凝土结构，仿
明清庙宇风格，占地面积约260平方米，建筑面积约210平方米，单进
式，内分前后两殿。后殿占三分之一，靠墙壁处为神座，居中供奉妈
祖圣像，圣像前分立顺风耳和千里眼，左为招财爷、土地公，右为唐
三藏。神座前有拜坛、供桌，右边置一艘船模，长约2.5米，左边留一
个出入边门。前殿占三分之二，中间为活动场地，左右建有楼廊。整
座宫庙用二十根立柱支撑，中间两排立柱各五根，双边墙各五根，上
以横梁构接。左右壁画色彩斑斓，均取材于妈祖传说：左壁为妈祖
降世、传玄机、剿海盗，右壁为大海狂涛救难、古井得天书、功德圆

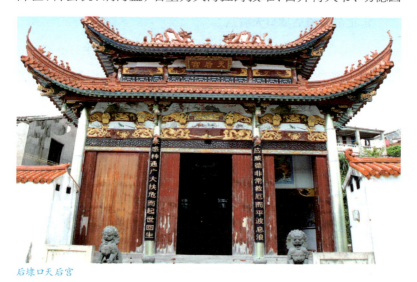

后垵口天后宫

满。庙门上有门神，左右立柱有对联"灵应威德非常救厄而平波息浪，孝感神通广大扶危而起世回生"，门楣上方三字"天后宫"。宫门靠近公路车道，距离不足3米。

后垄口天后宫处在民居之间，四周均为楼房，每日有信众值班。每年农历三月廿三日妈祖诞辰纪念活动，全社区的信众都前往参加，约有千人，先由道士设坛祭醮、作供，然后戏班子演戏。看戏的人很多，场地小，几乎坐满，十分热闹。

10.东屏街道金岙天后宫

半屏岛位于洞头渔港南面，与大瞿岛、南北策岛相望，相距300至400米，原是一个拥有四个行政村的海岛乡，20世纪50年代置乡，21世纪初归并东屏街道，设为半屏社区。金岙天后宫是半屏岛唯一

半屏天后宫建庙时的石金炉（许文国 摄）

金岙天后宫（许文国 摄）

的建于清代中期的庙宇，据当地老人说，已有两百多年历史，宫内现存的元宝形"石金炉"（烧金纸用）十分古老，炉身花纹别致，上有字迹，但因年代久远，磨损严重，很难辨认。

　　金岙天后宫坐东北朝西南，木石结构，占地面积约320平方米，建筑面积约220平方米，分后宫、天井、前香炉房、左右闲间几部分，呈长条形三进式。进出的宫门留在左边，筑有门台，上有"天后宫"三个大字，左右对联"天后广法普天咸被于陶成，圣母大恩遍地道力护众生"。后宫进深约12米，阔10米，由两排四柱支撑，靠后为神座：正中为妈祖，左送子娘娘，右天花娘娘；左边神座为土地公、劝善大师、玄坛公；右边神座为太岁爷、招财爷。内殿靠神座立柱联"圣德配天千载庙宇尚在，母仪称后至今俎豆重新"，内殿靠前立柱联"圣母显灵咸镇九洲保风调雨顺，神在宝殿观察四海佑万民康泰"。

来金岙天后宫烧香求安的人很多，每年"作供"时间为农历二月十四、十五，周边村民都来参加。过去妈祖诞辰纪念活动还会请平阳的木偶戏班前来演出，看的人很多。

11.北岙街道小文岙天后宫

小文岙天后宫坐落在北岙街道九仙村小文岙海湾内，背靠东南山坡，朝向西北海港，三面环山，一面临海。宫后山峦连绵，林木葱茏，山涧流泉，四季清澈；左右山鼻，犹如双臂，龙虎对峙。宫内现

小文岙天后宫（许文国 摄）

存一个三叶状鱼骨香炉，上雕天后圣母；一个石香炉，刻有"同治元年五月"字样。据郭氏宗谱，宫庙建于一百五十多年前，因长期受风雨侵蚀，残破不堪。2013年5月，村民自行集资拆建，当年竣工。

新建的天后宫占地面积300多平方米，建筑面积120平方米，为单进式三大开间，砖木结构，尖顶，前、中、后各竖四根大圆柱，筒瓦盖顶，飞甍翘角，屋脊盘龙，挑头刻兽。中殿神座，雕花镂刻，精致美观，油釉生辉，圣像传神。

每年农历三月廿三日妈祖诞辰这一天，全村村民集中在天后宫里，举行隆重的祭拜活动，请道士做道场，然后摆宴席共庆。平时初一、十五及其他节日也是香火不绝。

12.东屏街道后坑天后宫

后坑天后宫位于东屏街道后坑村后垅自然村中普陀寺内。过去从中仑尾鼻山至后坑尾鼻山大约四百米的山坳统称后垅，后垄口天后宫、后坑天后宫、中仑天后宫刚好连成一线，坐落在后垅海湾。据中普陀寺师父说，二十多年前佛门弟子在此地扩建观音圣地中普陀寺，当时就有一座古老的妈祖庙，建造时间不详；为体现佛教的包容精神，他们拆除旧庙，在中普陀寺中间地段左侧新建了一座妈祖殿，与右侧的财神庙对应。妈祖殿建筑面积约60平方米，三开间单进式，混凝土结构。这些年中普陀寺香火旺盛，妈祖和观音菩萨同受信众的祭拜。

中普陀寺内妈祖殿（爱琴 摄）

13.北岙街道金山岙妈祖宫

金山岙妈祖宫坐落在北岙街道海霞村胜利岙自然村渔岙口（原桐桥村棺材岙自然村），是一座新建的庙宇。1968年夏季，该岙年轻渔民许华阳和六位渔民驾驶一对小渔船在洞头洋龟屿头打鱼，一阵风起，渔船颠簸不停。他们拔网准备返回，突然许华阳看见渔船边有一尊木雕神像在水里浮沉，于是弯腰抱起。说来奇怪，这时风浪立刻停止了。渔船带着神像返岙，村岙老人判断这是一尊从福建漂来的妈祖像，非常珍贵。于是大家商量，把神像安置在岙中的顺府王爷庙中，与顺府王爷一同供奉。1980年，许华阳的几个子女为传承妈祖信俗，对原来建筑面积只有6平方米的小庙进行扩建。现该庙为三

许华阳老人介绍当年海上发现妈 金山岙妈祖宫
祖神像情况（文文 摄）

开间木石结构，外观与海岛石屋基本相同，前面建有香亭，总建筑
面积60平方米，称金山岙妈祖宫，香火日益旺盛。

14.妈祖与其他神灵共奉的宫庙

在洞头县，妈祖与陈十四娘娘、观音、杨府爷等神灵共奉的宫
庙有十座。

北岙街道岭背路太阴宫又名娘娘宫、三官堂、永福寺，约建于
明末，是洞头列岛主要的儒、道、佛"三教合一"中心。明清两朝，
尊儒重教者在此供奉孔子，称全殿为三官堂；信佛教者称后殿（左
殿）为永福寺；信道教者称正殿为娘娘宫。三官堂内有一老匾，上题
"三教同源"四个大字。原建筑气势宏大，现存有明朝后期以樟木
雕刻的陈、林两位圣母娘娘像，清光绪三年（1877）的奉宪立碑，乾
隆年间的栋柱石珠等文物。三官堂后殿正厅供奉陈、林娘娘，旁厅

奉宪立碑（清代）

供奉太岁爷。1999年，三官堂被列为县级文物保护点，具有一定的历史价值。

北岙街道隔头村沙岙太阴宫与岭背三官堂供奉的神灵相同。该宫位于北岙镇隔头村，全称为沙岙陈林二位圣母娘娘宫。最早建于清乾隆年间约1745年，为平房，面积不到100平方米。1950年拆除扩建，后进中为陈、林二位圣母像，左为孔子像，右为三官神像（天、地、水三官），前进有戏台，占地560平方米，总建筑面积约420平方米。每年农历二月十五进行佛诞纪念活动，规模较大，参与人数近千人。逢年过节、初一十五，上庙烧香的人也络绎不绝，该宫的"六十四签诗"卜卦影响很大。

大门镇潭头村朝阳观始建时间为清道光三年（1823），占地面积432平方米，建筑面积480平方米，现为水泥、砖木结构。传说道光三年，有福建船主带来佛像放在此地，并建起一座庙宇，以后逐步扩大，2008年大修。宫内有天后圣母、杨府爷、陈府爷、三官大帝、土地爷、陈十四圣母、观世音、流水坑花粉娘娘、白鹤先师、太岁爷等神佛，香火鼎盛。

除上述三处外，大门甲山妙玄宫、大门岙底太阴宫、大门朝阳居保安宫、大门豆岩太阴宫、北岙大岭领太阴宫、北岙小朴白马庙、鹿西娘娘宫等宫庙也供奉着妈祖。

三、洞头妈祖祭典

妈祖祭典是妈祖信俗活动最重要的环节，也是尊崇妈祖、祈求妈祖、感恩妈祖最具体、最直接的表现。洞头妈祖祭典主要有娱神、娱人两大块内容，以祭典为中心，以民间文化活动为辅助，是洞头渔区信俗活动的最大盛事。

三、洞头妈祖祭典

　　妈祖祭典是妈祖信俗活动最重要的环节，也是尊崇妈祖、祈求妈祖、感恩妈祖最具体、最直接的表现。洞头妈祖祭典主要有娱神、娱人两大块内容，以祭典为中心，以民间文化活动为辅助，是洞头渔区信俗活动的最大盛事。

[壹]洞头妈祖祭典的仪轨与程式

1.宫庙祭典的仪轨与程式

　　每年的农历三月二十三日妈祖诞辰纪念日或九月初九妈祖羽化升天日，洞头各妈祖宫都要举行隆重的祭祀仪式，组织有序，热闹非常。据叶大兵《温州民俗大观》记录，过去每逢初一、十五、十二、廿七，当地渔民及航船海员、商贾都要到妈祖宫烧香礼佛；尤其是农历三月二十三、九月初九，祭拜娘娘的道场更加隆重，由首事（头家）组织行三跪五叩礼，渔民焚烧纸制的念过经的金元宝、银元宝祭祀妈祖，俗称"烧金"，祈求出海平安。至今渔船上还备有"妈祖棍"，遇到水怪（海和尚之类）便敲击船舷，俗信能吓退海妖。1911年农历三月二十三，在妈祖诞辰纪念日之际，各界人士上千人参加了祭典。

东沙渔港为温州市级港口，长期以来，北岙街道的东沙村、大王殿村、双垅村、鸽尾礁村、柴岙村、海霞村和东屏街道的岙仔村、垅头村、寮顶村的海上作业船只都在此港进出。东沙天后宫面临东沙港，自然就成了当地渔民开展信俗活动的重点宫庙。这里的祭典程序规范，内容丰富，影响较大，除"文化大革命"期间外，几乎年年举行。现以东沙天后宫祭典为例。

（1）成立祭典活动小组

祭典活动的首事会设十六人（这是由于当年拿到福建惠安渔船妈祖雕像的是十六人），也称"头家"，由宫庙主事牵头，从当地有名望的人和渔业生产产量高、技术精的渔船老大中推举产生。此后，每年妈祖诞辰日这天的早晨，当年主持祭典活动的十六名头家齐集在妈祖神像前，由宫庙主事把众渔船老大的姓名一一念出，逐个卜定，成为下一届（年）祭典活动的十六名头家。一经卜定，翌年的祭典活动就由这些人主持安排，根据活动需要分设财务、购物、香火、抄写、神事、安全、后勤等小组，各司其职，使活动有序进行。

（2）宫庙祭典

在洞头，"做供"是宫庙祭典的主要内容。请师公（道士）"做供"，也称"设醮道场"。道场分为三种：小作，又称"大头供"，时间一天；中作，时间两天；大作，时间三天。大、中、小道场规模、内容

"做供"道场（洪晨 摄）

各不相同，师公的运作程序和收费也不一样。逢太平盛世、风调雨顺的丰收年，人们就"大作"以感天地之恩；一般年成，以"中作"居多。"做供"一般安排在农历三月廿三或九月初九前的五至八天内进行，具体时间以首事和宫庙主事在妈祖神灵前卜杯拈签为准，地点就在宫庙里。

祭品准备：天公亭一个，剪刀、尺、镜子各一（代表金剪、驱邪棒、照妖镜），供品十二样（闰年十三样），有猪头、红圆、寿龟、寿桃、寿面、红枣、红橘、桂圆等。如刚好有渔家娶亲、新房上梁，他们会把全猪、全羊、全鸡运来庙里还愿，作为供品一同敬献给妈祖。

天公亭（洪晨 摄）

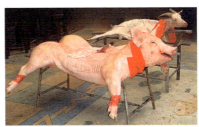

全猪、全羊（爱琴 摄）

米猪（洪晨 摄）

红圆（爱琴 摄）

　　祭坛设置：开祭前，先在宫庙内设祭坛（主坛、分坛等）及道场一切应用摆设。祭坛分三层九坛，里、中、外三层，左、中、右三排，形成对称，每坛由两张长条凳和一张四方桌（又称八仙桌）搭成，四方桌放在长条凳上，每个祭坛下设祭拜台，用木板搭成，上铺设草席、地毯供师公和信徒祭拜。中一坛为地坛，供三清宗师，外一坛为

"做供"道场摆设（洪晨 摄）

道场摆设（爱琴 摄）

神坛，供妈祖神，里一坛为天坛，三界之首，供玉皇大帝，左坛设东岳仁圣大帝、太阳帝君，右坛设北极真武大帝、太阴皇君，外前坛分别为福星、寿星、财星，称"三星坛"。

两天的"中作"需十七张桌子，三天的"大作"需二十七张或更多桌子。每张祭坛桌上放有三杯清茶、三杯黄酒、一对烛台、一个香炉及三样供品。

"中作"的内容有十大项目。邀请师公十至十二人，其中主祭（坛主）一至二人，陪祭立坛三人，助祭二人，鼓乐、五音三至四人。信众由师公带领，先拜妈祖坛，次拜天坛，再拜地坛，然后拜左坛转右坛，巡回一周祭拜，拜毕，再转到天坛，六人一组轮流祭拜，由师

做供（许文国　摄）

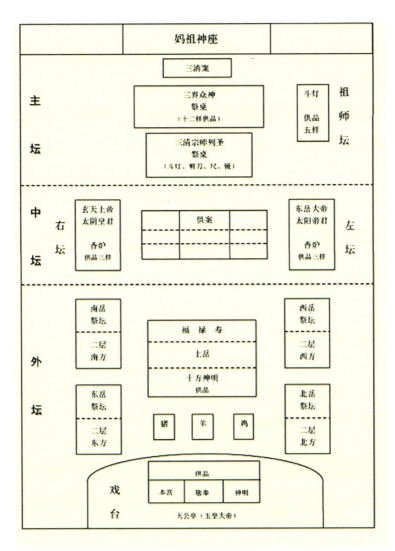

东沙"做供"道场示意图

公分发给每人一支燃香，鞠躬三拜，把香插进香炉，然后接过师公手中的一杯清茶或黄酒，对着玉皇大帝一饮而尽，寓意"饮天赐神茶（又称长生酒），消灾祛厄，无病无痛，长寿健康"。

妈祖诞辰日正式开祭，开坛时，师公引领一众人员，念"净天地法语"：

> 天地自然，秽气消散，洞中玄虚，晃朗太元，
> 八方威神，赐吾自然，灵宝符命，普告九天，
> 乾罗怛那，洞空太玄，斩妖缚邪，杀鬼万千，
> 中山神咒，元始玉文，持诵一遍，祛灾延年，
> 安行五岳，八海知闻，魔王束手，持卫我轩，
> 凶煞退避，道气长存，太上老君急急如律令。

念完后绕坛一周，师公手拿一只盛满清水的碗，用柳枝蘸碗中的水，为信众净身，念"净身咒"：

> 灵宝天尊，安慰身形，弟子魂魄，五脏玄冥，青龙白虎，队仗纷纭，朱雀玄武，保卫我身，我以月洗身，以日炼身形，仙童扶玉女，二十八宿同行，千邪万秽逐水而逝，仙神帝君勒到奉行，太上老君急急如律令。

做供（爱琴 摄）

信众散去，进入祭祀程序。

请水。由相关祭拜人员组成请水队伍。师公及鼓乐人员走在前头，随后是两个手提一对大红灯笼的人，其灯称为"妈祖灯"，又名"太平灯"或"吉祥灯"；后面紧跟主持本次活动的头家，双手捧红木盘，上面放置着五雷祖牌，称"祖师盘"；其后是两面大红旗——龙旗和虎旗，称"龙虎旗"，以示威仪；后面跟随着双手拈香的信众，人数不限。请水队伍到村中水井旁，师公祷告四海龙王赐予一年风调雨顺，鱼虾丰收，渔船平安。祷告时，师公们吹法号、击法器，由主祭法师念法语：

天清清，地明明，四海龙王显威灵，风调雨顺年景好，国泰民安

保太平，太上老君急急如律令。

反复念三遍，仪式结束。在回宫庙的路上要过三道关，即在路上隔一定的距离放置一张桌，共三张桌，由师公作过关状，寓意"斩魔除妖，劈风破浪，保佑平安"。每过一道关，师公都要踏步、转圈，口念法语。

第一道关称"天门关"，法师念：

月朗朗，日炎炎，日月光芒照无边，

九重天门开福运，普济人间丰收年，

太上老君急急如律令。（反复念三遍）

第二道关称"地堂关"，法师念：

山高高，地灵灵，大地山川正气清，

五岳诸神发号令，妖魔鬼邪尽隐形，

太上老君急急如律令。（反复念三遍）

第三道关称"水府关"，法师念：

风静静, 水平平, 风调雨顺四海宁,

走南闯北无灾厄, 千家万户人财兴,

太上老君急急如律令。(反复念三遍)

请神。又名"帖坛醮"。由师公发帖迎请各路神仙前来参加妈祖盛会, 念"三部三观经", 每念一遍, 烧化一张黄帖子, 祈求消灾解厄、天官赐福、延年益寿, 以示盛情三请, 并向八方神祇致谢。所念经文名"玉皇宝号"(又名"玉皇诰"), 把有关的神仙名号一一念到, 最后结束语四句:

太上玉皇下九重, 万方诸神齐相逢,

宝辇华车盖日月, 威灵显赫耀神光。

祭北斗。排七张或九张方桌, 每张桌上设一香坛, 三盏长生灯, 并用黄纸写上北斗星名称, 插在一个盛米的盆斗上, 每个盆斗前点上油芯灯(现用蜡烛)。师公逐坛祭拜, 踏云步, 摇道铃, 念法语, 祈求北斗星君为一方百姓降福消灾, 男女老少添福增寿。

祭三界。设置三界灯, 祭拜天、地、水三官, 敬请三官爷降临盛会, 保佑一方平安, 风调雨顺, 五谷丰登。

请灶神、祭醮、进表。灶神"上天奏好事, 下地保平安", 师公托付灶神爷向各路尊神送达"醮表"。醮表有正表四、副表四，正表为玉皇表、龙王表、风神表、妈祖表，副表为三官表（天官、地官、水官）、三星表（太上老君、元始天尊、通天教主）、早朝表、帖坛表。发表请愿，祷求上天赐福，鱼虾入网，风平浪静，船只平安。

献敬。又名午供。献敬有香、花、灯、水、果、茶、食、宝、珠、衣十物，还有妈祖钱筒和签筒，意为把民间五谷、各样食物、生活用品、金银财宝等献给众神和妈祖享用。所有物品放在盆上，由师公敬献。一些信众为给家人消灾解厄，把本人穿用的衣服物品拿来献祭，寓意神仙赐予的衣物穿戴在身上百邪不侵，可保无灾无难。主要参加者为十六位头家。

信众祭拜妈祖（许文国 摄）

祈福献敬（洪晨 摄）

玉皇赦。由师公带领一班信众，手拈燃香，跪在玉皇大帝神像前，师公把民间的三十六种罪孽一一诉状，进行忏悔，祷求天帝宽恕。

消灾解厄。与玉皇赦相似，由师公带领信众在北斗神坛前赎罪，祷求去除厄运，赐给好运。五个师公站立五个坛位，主祭五个方位，向五方神祇祷告，消除八灾十难。八灾——刀兵、雷电、水、火、风、瘟疫、海盗、狂浪；十难——孕妇难产、幼婴难活、渔船海难、行商劫难、旱魔发难、牢狱犯难、厄运受难、病痛患难、出行遇难、牲畜遭难。

东岳醮。东岳大帝上通三十三天，下彻十殿阎王、十八层地狱，是褒善贬恶的圣灵福神，致祭东岳大帝，祈求万民百姓在和谐安定的社会环境中过上好日子。

入敬（三酌）。又名送神。由师公带领一众法事人员向妈祖和各路神祇行答拜礼，称谢坛，一谢元帅，再谢白虎神，祷求无灾难、无瘟疫、无鬼怪作案，万家平安。然后信众上香礼拜，烧化"金银元宝"，放鞭炮，谢坛，以示祭典圆满结束。

　　送天公。送玉皇大帝回銮，祈祷年年增岁月，岁岁保平安，行行赐千祥，人人得安然。

　　摆宴。祭祀活动结束后，举行"平安宴"，一般二十至三十席，招待参加祭典的信众。平安宴，每桌十二道菜，均以平安为主题命名，其中紫气东来妈祖平安面、鱼跳龙门、顺风耳朵、逐鹿天下等为主打菜肴，寓意平安和谐、吉祥如意。

　　洞头县其他妈祖宫的祭典与东沙天后宫基本相同，个别宫庙在组织管理运作上有些不同，如沙角天后宫把全村分为六个甲，每甲四十至五十户，每甲六年轮一次主持祭典事宜，祭典的内容、规模、资金筹集等均由该甲负责。

沙角妈祖宫做供（洪晨　摄）

2.船祭的仪轨与程式

船祭是指在特定条件下，在船上祭祀妈祖。船在海中航行，有时会遇到操作不如意或人为破坏的情况，出现危难，因此要进行船祭，祈求妈祖保佑。这种船祭习俗在沿海各地基本都有，具体方式不尽相同。历史上可查的船祭记载，最明确的是郑和下西洋时船上供有妈祖。

在行船过程中碰到危急情况，船家一般会马上进行祭祀。通常每只船都备有香、炉、烛、妈祖令旗或者妈祖像（神龛在船只中舱）。船上祭祀程式比较简单，一般为烧香、点烛、呼神，祈求妈祖保佑，以便平安回港。因船上条件有限，跪拜时只能择处而跪。

平常的船祭一般在初一、十五或节庆时进行，烧香、祭拜，供品也比较简单。也有场面隆重的，那就是为了还在危急时刻的许愿，或感谢妈祖保佑平安、丰收。船家选择黄道吉日，摆上丰盛的供品，有

渔船上祭拜妈祖（东屏文化站 提供）

渔船中的妈祖神龛（陈爱琴 摄）

时会抬整猪、整羊到船上，摆上香案，进行祭拜。大型船祭时，全体船员都要出席，家属必须到现场帮忙，或参与到祭祀当中。主祭人一般由船老大或者德高望重的人士担任，仪程有请香、点烛、跪拜、化金箔等。祭祀中要说明"某年某月某日某地方，因某事某祈求许愿，今某来答谢，祈求妈祖保佑平安"。

船祭是在船上祭祀妈祖的特殊形态，不同于其他祭祀方式。船是人们与海、江、河之间最直接的连接工具。人们长期在水上"讨生活"，大自然变化无常，而船只没有抵御灾祸的能力，于是妈祖信俗应运而生，成为人们的寄托。每当新船造成，都要先祭祀妈祖，这是必不可少的。

3.家祭的仪轨与程式

家祭是指人们为了祈求妈祖或感谢妈祖，在家中举行祭祀活动，主要人员是家庭成员。洞头百姓以宫庙为祭祀妈祖的主要活动场所，但也有部分家庭在家中设神龛供奉妈祖。家祭的场面、供品、仪轨较为简单，用时相对较短。

家祭一般选择吉利的日子，如元宵节、端午节、中秋节、妈祖诞辰日、妈祖羽化升天纪念日等，有时也会选择非节庆的日子。祈求的形式大体有两种：用语言表达，即口头说；用文字表达，即写在红纸上，什么人、什么事祈求妈祖保佑，希望心想事成等。

家祭比较简单，准备工作量力而行。时间一般在早上，在妈祖神龛（有的家庭供奉妈祖神像，有的挂妈祖令旗）前摆上供品，如柑橘、红枣、桂圆等果品以及三杯茶、三杯酒，有的还要供上先锋（猪头）、黄鱼、全鸡等。

家祭的程式有祈香、点烛、点香、敬香、作揖、上香"呼神"、鞠躬、跪拜、祈安、放鞭炮、烧金纸等。呼神要明确，内容一般为"某地方的弟子某某，于某年某月某日某时，因某事求天上圣母保佑"，或"祈求某某平安"，有时也求生男育女、家运昌隆、邻里和睦、生产发达等。

东屏街道东岙村有一个家祭特例。有一许姓老人，现已八十多岁，她家男主人以前是做生意的，为了外出平安、生意兴隆，20世纪

渔民在家中祭祀妈祖（爱琴 摄）

竹筒上的妈祖圣像（许文国 摄）

合拢的竹筒（许文国 摄）

50年代初期曾请雕佛师傅塑了一尊妈祖圣像。圣像塑在竹筒内，高约35厘米，直径约15厘米，竹筒由剖开的三爿组成，中爿彩塑有妈祖圣像，左右两爿分别彩塑有千里眼和顺风耳，合拢是一个圆形神筒，打开就是一个神龛。每次男主人外出做生意，就把圣像背在身上带走，祈愿妈祖保佑一路平安，生意顺利；生意做完背回家中，在厅堂烧香供奉祭拜。前些年，男主人去世，许老太觉得自己年事已高，子女又都在外经商，就把神筒赠送给东沙天后宫。

[贰]妈祖出巡

妈祖出巡是妈祖文化活动的重要内容，围绕妈祖起驾、巡安、回銮展开。各地对妈祖出巡的叫法不一，台湾称"绕境"，莆田称"出巡"、"环山"、"过洋"，还有的地方称"出游"，洞头称"出巡"。出巡的规模不一，时间也不同，内容根据各地的习俗有所变化，但都以妈祖文化为核心。妈祖出巡活动在有些地方是惯例，每年举行，在有些地方则是遇到特殊情况而举行的祈福仪式。

1.本岛片的妈祖出巡

妈祖出巡在洞头本岛片（北岙街道、东屏街道、元觉街道、霓屿街道）称为"迎火鼎"。随着祭祀妈祖活动和出巡活动的规模逐渐扩大，内容不断丰富，迎火鼎融妈祖文化与火文化于一体，突出表现了国泰民安、风调雨顺、居家吉祥、社会和谐的祈福理念。

（1）迎火鼎的由来

闽南语把"锅"叫作"鼎"，"迎"即巡游，"迎火鼎"的原意是抬着燃烧着木柴的大锅巡游。在妈祖出巡活动中增添迎火鼎内容，据传是这样来的。

明末清初，浙南沿海盗贼猖獗，海岛居民深受其害，出海谋生担惊受怕，居家过日更忧其扰。有一年除夕，停泊在港内的一百多艘渔船点亮桅灯，燃放鞭炮，一江桅火映红半边天，不料鞭炮落在港口的蛇鼻尾的两个山头上，引燃了枯草，烧成熊熊大火。这时，刚好有两艘海盗船企图趁人们欢度佳节悄悄临港，实施掠夺，见到两边山头上的大火和港内的一片灯光，以为当地人有了防备，慌忙溜走了。村民们后来得知此事，都认为是妈祖显灵，在山头生火吓跑海盗，使村民躲过一劫。为了表示对妈祖的感恩，祝愿在新的一年里平

安消灾，顺心生产，日子红火，人们就在妈祖出巡中增加了迎火鼎内容，也把妈祖出巡称为迎火鼎。

（2）迎火鼎的准备

每年的迎火鼎路线、妈祖金身出宫、人员调配、物资筹措等对当地人来说都是重大事情，出巡前要召集宫庙负责人、头家、乡绅商议具体事项，如出巡队伍各类角色的挑选安排、道具的准备、出巡时间的确定、出巡路线的安排等。

"火鼎"制作。备好一口大铁锅，锅口直径约一米；在锅口边罩上一圈四十厘米高的铁皮，防止火星外溅；焊制一个四足铁架，把大铁锅放在铁架上；铁架两边捆绑两支竹杠，竹杠前后系好布带；锅中放上干燥木柴，准备燃烧。

"迎火鼎"时间。各宫庙迎火鼎时间不尽相同，一般在大年三十至正月十八这段时间的晚上进行。各宫庙每年组织三至五次，具体时间由头家在妈祖神像前卜杯祈安确定，收灯之前的最后一次出巡必须在本村进行。

"迎火鼎"路线。出巡路线各不相同，如东沙妈祖的出巡路线为东沙天后宫—东沙村—东沙隧道—柴岙杨文洞—杨文工业区—新城区—东屏隧道—中心街—县府门口—新城大道—双垅顶—双垅村—二垅—东沙村—东沙天后宫，大约十千米路程。

若是受某村邀请出巡的，那就要经过沿路的村舍前往目的地，

沙角妈祖出巡（洪晨 摄）

到了该村再绕着大街小巷巡游，接受信众的祭拜。这几年东屏街道东岙村经常邀请东沙天后宫妈祖前来巡安，路线为东沙天后宫—东沙村—东沙隧道—柴岙杨门洞—杨门工业区—新城区—岭背社区—中仑村—东岙村—垄头村—岙仔村—二垄—东沙村—东沙天后宫。

各宫庙的出巡活动都把本村巡游安排在最后一次，路线基本是穿梭在大街小巷，每家每户都会走到。

出巡通知。迎火鼎开始前一周，各宫庙会派人到本岛的村中送通文，如果该村有邀请妈祖出巡的意愿，则要复函，以便宫庙作好安排。

鼓队（洪晨 摄）

妈祖旗（陈多坤 摄）

敕封牌（爱琴 摄）

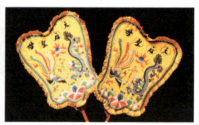

日月扇（爱琴 摄）

　　出巡队伍组成。迎火鼎活动参与的人员较多，场面十分热烈。队伍由各宫庙自行组织，一般在两百人左右。以东沙妈祖迎火鼎活动为例，各类执事人数为：开路锣，八人；龙旗，一人；彩旗，十八人；西灯，十六人；警避牌，二人；清避牌，二人；仪仗，十八人；火鼎，八人；火鼎公、火鼎婆，二人；夹柴，一人；挑柴，六人；香亭，四人；接香，四人；娘娘伞，一人；敕封牌，一人；抬凤辇，八人；善才圣女，二人；日月扇，二人；戏剧人物，二十五人；鼓队，十八人；民乐队，八人；贝壳灯，八人；鱼灯，十二人；火球队，十人；五音队，五人。

　　从2002年开始，洞头县文化部门每年组织各村庙宇，在元宵节开展大型的迎火鼎活动，队伍达千人以上，有：民俗踩街牌匾标牌，

清道旗（爱琴 摄）

鱼灯队（洪晨 摄）

警避牌（爱琴 摄）

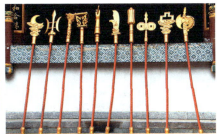
仪仗（爱琴 摄）

八人（渔民）；岭背社区舞龙队，一百人；中仑村舞龙队，一百人；双垄村舞龙队，八十人；东沙妈祖宫迎火鼎队伍，一百五十人；洞头村迎火鼎队伍，二百人；小朴村马灯队，八十人；城中社区抬阁，二十人；三盘社区神鱼灯队、马灯队，一百人；鸽尾礁村鱼灯队，二十五人；垅头村鱼灯、贝壳灯队，三十人；银海社区划旱船队，三十人；中仑村、洞头村抬花轿队，三十人；中仑天后宫荷花龙，五十人；北岙街道渔鼓队，四十人。

（3）迎火鼎活动

洞头信众对妈祖出巡活动非常重视，迎火鼎当天，他们会提早

旱船队（洪晨 摄）

马灯队（洪晨 摄）

龙灯队（洪晨 摄）

安排好家中事情，下午三四点钟就早早来到妈祖宫，根据事先的安排作好准备。

人们先在妈祖宫门前排好队伍，在爆竹声和锣鼓声中，缓缓走出村庄。队伍前头是一面大龙旗和十几面彩旗，旗上挂着红灯笼；紧接着是由四个壮汉抬着的一口大铁锅，锅里燃烧干木柴，火光熊熊；跟随其后的是由四人抬着的香亭，上面放置一只大香炉，专供点烛烧香之用；妈祖神像供奉在五彩缤纷、挂着绣闱的凤辇上（妈祖被封为天后，故其座称凤辇），在后徐徐而行；凤辇后面是由两人捧着的关帝爷和财神爷；继之是锣鼓队、秧歌队、腰鼓队、鱼灯队、装扮成各种传统戏曲人物的队伍等，组成一条长长的游动的火龙，寄托了信众年年平安、岁岁发财、日子红火、称心如意的愿望，也描绘出一幅贺新春、庆升平的民俗风情图。

迎火鼎队伍（爱琴 摄）

香炉（洪晨 摄）

迎火鼎（苏娅 摄）

妈祖出巡（爱琴 摄）

　　迎火鼎队伍行走在乡间村道、街巷里弄之间，接受各家各户的礼拜。每到一处或一户人家，该处（户）当家人要燃香礼拜，放鞭炮欢迎，送上红包，然后用铁钳从火鼎中夹出一块火红的木柴，放在自家盆子里，并将盆子置于厅中央，寓示新年"火样红，家业旺"；然后再为火鼎添上几根木柴，意为"取柴添火（"柴"与"财"谐音）、财旺家旺"。希望添男丁的人家，则把火鼎中已烧旺的木柴夹回自家灶洞，供奉灶神菩萨，念"夹大箍，生达脯"，"大箍"即大块木柴，"达脯"即男孩。

　　紧随在火鼎左右的是火鼎公和火鼎婆，代表一对恩恩爱爱、红

出巡队伍（陈多坤 摄）

火鼎婆为渔民家里夹木柴（洪晨 摄）

红火火过日子的好夫妻，祝愿世间所有夫妻都像他们一样和气生财，白头到老；关帝爷重义气，而渔民在海上最倚重的就是团结互助、危难相帮的义气；财神爷是生财之神，象征财源滚滚、日日生

鱼灯队（洪晨 摄）

财；妈祖神像左右还有一对童男童女，称为"善才圣女"，代表吉祥如意。由男女青年装扮的古典戏曲人物繁多，有《三国演义》中"桃园三结义"的刘、关、张，象征仁义、诚信；有《白蛇传》中的许仙和白娘子，象征对纯洁爱情的追求；有《西游记》中的唐三藏师徒四人，象征斩妖除怪，修成正果；有"八仙过海"，象征各显其能，生意兴隆；有"哪吒闹海"，象征年少有为，惩凶除恶；有济公活佛，象征除暴安良；有沉香劈山救母，赞扬孝行；有"凤还巢"（李太后回宫），象征苦尽甘来，吉祥如意；有"昭君出塞"，象征民族团结，国家安定；有包公，象征断案公正，铁面无私；有梁祝，象征纯真爱情，矢志不渝等。

此外还有各种表演：如"舞火球"，用铁丝编成网囊，内放火炭，系上一定长度的绳子，用手抓着绳子的一端，前后左右挥舞；"耍火斗"，用油菜或芥菜的秆连头，在菜头上挖一个洞，将棉花或废布料蘸油塞入洞内点燃，相互逗乐。火象征着光明和希望，体现了岛民的美好愿望。

在洞头本岛片，每年的大年三十至元宵节期间，一般有三支火鼎队——东沙火鼎队、洞头火鼎队和南塘火鼎队，分在北、东、南三个方向开展活动。三支火鼎队如三条长长的火龙，在星月灿灿的夜空下，游走在乡间的山道上，火光照亮了山岙，红灯映红了星空，锣鼓鞭炮响彻渔村，那情景是何等热闹、壮观！

由妈祖文化生发出的迎火鼎民俗，是妈祖文化与海岛风情的完美结合，是一朵独具海洋特色的奇葩，是一道绚丽的人文风景线。

2.外岛片的妈祖巡安

洞头外岛片（大门镇、鹿西乡）的妈祖出巡称"平安出巡"，也叫"巡安"。

大门镇妈祖巡安的内容和形式与本岛片有所不同。大门岛祖先主要来自乐清、永嘉一带，讲温州方言，他们的民俗文化与本岛片讲闽南方言的群众有所不同，以展示乐清地方手工艺和永嘉农耕文化为主。但本岛片、外岛片的岛民都信奉妈祖，妈祖永远是他们的平安保护神。

大门镇妈祖巡安的范围主要在岛上的二十五个村庄中，时间在元宵节左右，一至二天。巡安队伍近两百人，各类执事内容和人数为：开路锣，八人；头旗，二人；三角龙旗，十八人；宫灯，十八人；警避牌，二人；清避牌，二人；仪仗，十八人；香亭，八人；礼生，六人；娘娘伞，一人；敕封牌，二人；妈祖坐轿，十人；日月扇，二人；令旗，一人；大、小号手，四人；鼓队，十八人；龙档，二十八人；首饰龙，二十八人；龙赞，一人；五音队，五人。

2012年元宵节，大门镇小门山天后宫管委会动议，计划巡安到本岛片，参拜东沙妈祖。天后宫管委会与村委会向县文化部门提出书面申请。这是百年来外岛妈祖首次巡安至本岛片，洞头县文

首饰龙（陈多坤 摄）

首饰龙木雕像（陈多坤 摄）

小门山妈祖出巡洞头岛（陈多坤 摄）

小门山妈祖出巡到东沙妈祖宫（陈多坤 摄）

化广电新闻出版局非常重视，召集公安、交警、城建、街道等各部门召开协调会，制订活动和安全方案，并联系大门至洞头的汽车轮渡。

2012年正月十四上午，小门山妈祖巡安队伍近两百人坐上轮渡，浩浩荡荡向洞头本岛出发，县文广新局领导前往迎接。队伍首先前往东沙天后宫参拜妈祖，再巡游到洞头永福寺参拜观音菩萨，然后在县市民活动中心休整。晚上六点，小门山妈祖巡安队伍与东沙天后宫迎火鼎队伍、中仑天后宫巡安队伍以及各乡镇的龙

现场民俗演出（元觉街道 提供）

灯队、鱼灯队等民俗表演队伍会合，开展全县元宵民俗文化踩街大
巡游暨民俗展演活动，参加人数达一千多人。小门山巡安队伍中的
首饰龙做工精湛，集木工、油彩、纸扎、龙灯、刻纸等工艺技法于一
身，有八十多个楼阁、亭台，浓缩了《封神榜》、《西游记》等八十多
出戏，近三百个形态各异、各行各业的古今人物手舞足蹈，重现了
磨粉、打铁、算命等三十六个行当的生动场景，仿佛一幅幅鲜活的
民俗风土画卷。很多本岛片群众是首次欣赏这样的场面，因而现
场观众人山人海，共有近两万人，这是洞头历年来民俗踩街活动
最热闹的一年。

庙戏（陈爱琴 摄）　　　　　　　　看戏（后垄口天后宫 提供）

3.庙戏

洞头规模较大的妈祖宫在每年妈祖诞辰期间都要演戏，妈祖羽化升天纪念日则只"做供"，不演戏。演戏前，先卜杯问妈祖，一旦确定，各宫要提前半个月派人到温州、永嘉、瑞安、平阳、苍南、乐清甚至温岭、杭州请戏班，商定演出事宜。演出以天计算，一天两场，各时期、各剧团价格不同。演出剧种大多为南戏，新中国成立前请演的是昆曲、瓯剧以及京剧，现在大多为越剧。开演前，先点香"请"妈祖及洞头各宫庙神灵一同来观看；再有一段"八仙过海"，又称"打八仙"，这段戏的费用由船老大、商铺老板或信众答谢支付，答谢人还要准备三至五盘糕点、糖果及红包赠给演出人员，红包大小由答谢人自行决定。演出一般持续三天三夜，最多时五天五夜，下午、晚上各演一场戏，内容大多为才子佳人、悲欢离合的古装剧，剧目的选择一般由剧团介绍推荐，综合村民意见而定，但第一场和最

后一场必须是彩头戏。正本戏的费用大都由船老大、商铺老板或信众答谢支付，不足部分由庙里支付。

据后垵口天后宫负责人陈小恋介绍，该天后宫近二三十年来，年年都演戏。以前庙小，以请苍南戏班演木偶戏（洞头人称"田头戏"或"家拎戏"）为主；1999年天后宫翻修后以演越剧为主，每年演三至五天（六至十场），每场有观众三百人左右。演戏经费过去由全村按人丁集资，近十几年来基本由答谢妈祖的信众定戏酬谢，不足部分从头家每人（户）出资的三百元资金中列支。2013年，后垵口天后宫邀请平阳越剧团来演出，剧目有《薛平贵回窑》、《双金花》、《三落扬子江》、《叶香盗印》、《武松杀嫂》、《满江红》、《慈云走国》、《玉龙太子》、《三斗桃花娘》、《刘秀登基》等；2014年演出剧目有《汉宫怨》、《红灯花轿》、《玉蝶奇传》、《三审林爱玉》、《七龙神杯》、《三打麒麟关》、《琼宫戚姬》、《深宫长恨》、《荣华梦》、《孟丽君》等。

庙戏期间，村民常邀请外村的亲朋好友来相聚，一时间宾朋盈门，庙里更是人山人海，到处充满欢乐祥和的气氛。

[叁]洞头妈祖祭典相关活动

1.造新船

造新船是渔家人的大喜事，洞头渔民每逢造新船都会到妈祖宫卜杯，选日期、定时辰。新船开工竖"龙骨"（船脊），钉上从妈祖宫请来的红布，以讨吉利；钉"龙目"（船眼）一定要在涨潮时，且钉上红、黄、蓝三色布；新船的中舱特设妈祖神龛位置。新船下海时，船主要将妈祖神像、香炉或从宫中请来的妈祖分灵令旗供奉在渔船中舱的神龛内，请师公来"安船"，师公会按一定的程序亦歌亦舞，唱安放妈祖神像、神位的"安船歌"，以祈求新船下海后顺风顺水、平安丰收：

> 船头造起船头镜，船尾造起船尾鼎，
> 当中造起有五堵，湄洲妈祖坐中厅。

每年从渔网厂领取新网时，船家也会先到妈祖宫卜杯，选好日子，并请"红彩"，将红布条系在网嘴，以求吉利、鱼虾满仓。

2.请令旗

新船第一趟出海或新一年头趟出海，船老大或大公娘（船老大的妻子）会准备三至五样供品，如红圆、红枣、寿面、橘子等，带上金箔到妈祖宫供奉，烧金银纸请令旗；庙祝就把准备好的大小两支天后圣母令旗以及炮仗一对、子炮一串、蜡烛一对、香一束授予船家。

令旗呈三角形，有两种：大令旗长约220厘米、宽约180厘米，直角一边绣有"天后圣母"字样，中间绣有"令"字；小令旗长约50厘米、宽约40厘米，直角一边绣有"天后圣母"或"妈祖保佑平安"字样，中间绣有"令"字或龙的图案。各宫庙三角令旗基本相似，只是

请令旗的船家（爱琴 摄）

花样有些不同。

　　船家把从妈祖宫请来的大令旗挂在船上主桅尾，象征着妈祖站在高高的云头，保佑渔船海上平安；小令旗作为妈祖分灵代替神像，插在船舱神龛的香炉中供奉，点烛烧香，燃放鞭炮。更有虔诚的船家提前请造像师傅雕塑妈祖神像，请师公开光，在请妈祖令旗或新船下水的同一天供奉在船中，每天或每逢初一、十五烧香祈愿。

　　洞头渔船请令旗、供奉妈祖神像的习俗产生时间比较早。据现年八十二岁的妈祖祭典省级传承人吴江回忆，他十五岁参加海上生产，他的外公告诉他，自己十四岁上船捕鱼，那时小渔船上就供有妈祖神龛。这样算来，这个习俗至少已有一百多年历史。

据东沙天后宫统计，2013年东沙港常年停靠船只近两百艘，基本上所有船只都到妈祖宫请过令旗，并立炉供奉。外乡的船只也会来请令旗，甚至企业、商铺也曾来烧香请令旗。

台湾企业家陈庆达先生在台州市三门县办企业，从2009年开始，他连续六年在农历三月廿三前来东沙天后宫参加祭典活动，并慷慨乐助，请得大令旗一排六支高挂在公司大门口，祈请妈祖护佑生产顺利、企业兴旺发达。

台湾的渔船、商船来洞头生产、经商、休整避风，也会去当地岙口的妈祖宫烧香、乐助、请令旗。台湾兴志120号船的高发财先生，船一进洞头东沙港就会到妈祖宫烧香祭拜，答谢妈祖保佑；2001年，他还特制了绣有祥龙图案的绸缎桌裙和绣有八仙图案的十二米长的长寿幡，敬献东沙天后宫。

3.许愿、还愿

每逢渔汛来临、出海之前，大公娘要同伙计的家属一道去妈祖宫祭拜，祈求神灵保佑渔船出海平安，捕鱼丰收，并许愿汛期结束后要如何答谢神灵。

汛后，若人船平安，生产基本达到预期，大公娘和伙计家属要按汛前的许愿（如捐款修缮庙宇、重塑妈祖金身、造神船或献供、演戏等）敬献红包，到庙里祭拜谢恩。一般谢恩还愿的供品有猪头、红圆、寿面、水果等，甚至全猪、全羊，还有红布，其中焚

烧纸元宝是必不可少的。还愿时要明确来意："某年某月某日某
地方，因某事某某祈求许愿祭祀，今某某来答谢，更祈求妈祖保
佑平安。"

现在渔区信众不但出海前来问妈祖，添新船、购新房甚至孩子
读书、考试也会来卜杯问妈祖。

4.卜杯求签

签诗是信仰妈祖的善男信女向妈祖卜问吉凶祸福的谶言，是
一种"心理求知"的预示行为工具。每一首签诗有四句，每句七
字，押韵上口；仿照格律诗结构写成（但格律、平仄并不讲究），
其内容多采用事物比喻或依托古人典故隐喻剖析，示意清楚简
洁，让求签问事的人把所求的事对诗入座，加以领会、贯通，并有
所感悟。

（1）卜签、签筒的制作与设置

卜签用竹青（竹皮）削成，长25厘米左右，与筷子差不多，宽约1
厘米，很薄，一端削成尖头，似剑尖，另一端平直。每支竹签上刻有
编号，各宫庙的数目不同。沙角天后宫有签诗100首，其卜签就设置
100支，东沙天后宫只设置30支。以卜签上的数目对应签诗。签筒用
毛竹制作，雕刻花纹，比较精致，还刻有"某某宫圣签筒"等字。

（2）签诗

过去的签诗刻在木板上，每首签诗除刻上编码外，还按签诗

内容的优、好、一般、差分别刻上"上上签"、"中上签"、"中下签"、"下下签"四类。若抽中某一号签诗，以签对号数，从签诗版上把它拓印下来就行。现在不用签诗版拓印，直接把签诗打印好，让求签人对号取签诗即可。

（3）杯珓

杯珓用樟木、楠木或竹制成，削成弯月形状。一面中间凸起，称阴珓；另一面平整，称阳珓。杯珓设置两只，并拢时紧密一致，故称阴阳相配、乾坤好合、心想事成、有求必应。

（4）卜杯求签的程序

卜杯又称"抛杯珓"。求签人先在神座前的供桌上摆上一至三样供品，然后点烛烧香，跪在神像前，向上顶额礼拜三下；说明来意后，把香插在香炉中，再拿出签筒，双膝下跪，双手握筒，重复说明卜签意图，举筒摇动，直到从筒中摇出一支卜签。取一双杯珓，祝告曰："求妈祖婆显灵明示，如果我求的是这支签，请赐我'两圣一阴'为准。"若抛出的杯珓前两次一正一反（为两圣珓），第三次呈

阳珓

阴珓

凸面（为阴玄），就说明这支签找准了。

（5）签诗的解释

解释签诗的人应有丰富的道学理论，懂得自然知识、地理知识、人物典故和历史事件，一般按签诗上的字义和喻示解释，贯通、融汇求签人的意图即可。会解签诗的人往往把坏事讲成好事——绝处逢生、借花添彩、慰藉心灵、激活希望，或对好事加以警示——预防不测、防患未然、顺应时势、小心谨慎。

5.生育女神

妈祖还被女性信众作为生育女神来崇拜。到妈祖宫烧香点烛、祈求供祭的大多为女性，她们有祈求妈祖送子添丁、保佑婴幼儿健康成长的愿望。旧时代医疗保健没有保障，婴幼儿夭折现象很普遍，很多家庭妇女生下孩子（特别是男孩）后，就到妈祖那里去许愿，让孩子拜认她为"娘"，称"契母"。孩子周岁时，正式行拜认礼，此后每月初一、十五要供奉"契母饭"，一直到十六岁成丁；孩子结婚时，还要以全猪、全羊答谢"契母"。

6.神船

古代木帆船在海上航行时主要依靠风力，如遇到狂风骇浪，则有财产、生命之危，所以出海渔民及航海商人往往寄望于海神妈祖的保佑。若化险为夷，则是妈祖的神功，就要以被保护的船为模型制作一只小船，供奉在妈祖宫里，以求今后能继续得到妈祖的保佑。

妈祖宫的船模（文文 摄）

后来船模慢慢演变成神灵的战船，是妈祖巡海、保佑海上平安的工具。因此就有信众专门造神船答谢妈祖，洞头的妈祖宫里基本上都摆设神船，少的一艘，多的三四艘。

神船一般仿渔船制作，品种多样，有"青头针"、"绿毛"、小舢板、白底船、连江船、鳗揽等，后来发展有运输船、机帆船甚至战艇。洞头制作神船的工艺有两种，一是仿真拼装法，二是整木雕刻法，以前者为主。

仿真拼装的船模，基本是按照制造大型木渔船的方法等比例缩小。制作流程一般如下：

（1）根据船只实物，按比例画出船模的剖面图和平面图等图纸。

（2）按图制作船模的部件。大小部件约四百个，主要有龙骨、肋骨、横头、水底板、底经、竖廊、稳、船底板、下金、龙湫、弯弓（尾座）、舵、甲板、横杠、桅杆、舱盖、龟壳、帆等。

（3）先竖好龙骨再立横头，安装水底板、底经、竖廊；用铁钉固定稳，再装漂板、车加圆等小部件；将舵的配件固定安装，配上舵杆，安装龟壳、锚车及舱盖，并在牛栏前面安装凤冠头；最后安装帆、猴头（滑轮），配上橹等配件。

（4）配上神兵的木刻雕像和火炮。根据船上岗位分工，神兵木刻雕像分有船长、水手、炮手等。大的神船长100至200厘米，一般神船长70至100厘米。

东沙天后宫的两边厢廊各摆设有一艘古渔船和一艘战艇，船上装有古炮及天后神像。据说古渔船上经常有水滴出现，渔民一看到"船底出汗"，就说是妈祖乘船出海巡逻，驱逐海盗，平静风浪，保佑海上的船只平安谋生。

7.香会

除了一年两祭的大型活动外，妈祖宫还有六次香会。东沙天后宫香会活动以会员为主，有两百多人参加，下设十个活动管理小组。

香会（洪晨 摄）

有时也有外乡村如半屏社区（原半屏乡）、南塘社区（原双朴乡）、小
朴村、洞头村、东岙顶村的群众前来参加，多时达千人。除供奉和烧
香外，信众都会做一点乐助捐赠，多的上千元，少的十元、几十元，
以示答谢。

　　妈祖宫一年六次香会的时间分别为：农历二月十八日，称"年
头会"，比较隆重，设便宴接待宾客；四月十八日、六月十八日、
八月十八日和十月十八日，为一般香会；十二月十八日，称"年尾
会"，给妈祖拜年，也称"过年"，规模较大，场面热闹。"年尾会"
上午，会员们烧香、念经、祭拜妈祖；中午，宫庙设宴招待会员和
来宾，一般要摆二三十桌，厨师、服务员都是义工。会员们边吃边

念经的老人（爱琴 摄）

摆宴（许文国 摄）

看庙里自编自演的文艺节目，这也是大家交流生产、生活经验的好机会。

8.妈祖祭典的组织与管理形式

（1）活动组织者

前期组织者为渔船老大组成的主事小组和道士，中期组织者是主事小组和各姓氏家族的族长，后期组织者为主事小组、宫庙管理董事会及村委会。

（2）经费来源

各宫庙祭祀活动和文化活动的资金全部由信众自愿筹措，有宫庙的香油钱、各渔船的捐助、每户每人的出资款（人丁钱），还有做鱼货生意的商铺老板的捐赠等。

（3）人力投入

每家每户至少出青壮年男女一至二人，参与各种活动的后勤工作；每户至少出少年儿童一至二人，参与妈祖出巡时的戏剧人物表演。这些工作全是义务劳动，民众也乐于参加。

四、洞头妈祖祭典的特征和价值

妈祖「立德、行善、大爱」的精神闪烁着中华民族传统价值观的光芒，成为海内外亿万华人信众联谊交流的文化桥梁和纽带。作为洞头独特地域文化之一的妈祖祭典，在长期的传承发展中展现出鲜明的特征，传承有序，程式固定，信者众多，影响广泛。

四、洞头妈祖祭典的特征和价值

妈祖"立德、行善、大爱"的精神闪烁着中华民族传统价值观的光芒，成为海内外亿万华人信众联谊交流的文化桥梁和纽带。作为洞头独特地域文化之一的妈祖祭典，在长期的传承发展中展现出鲜明的特征，传承有序，程式固定，信者众多，影响广泛。

[壹]基本特征

1.顽强的传承性

妈祖祭典活动在洞头的形成几乎与妈祖信仰同时，是在洞头独特的自然环境和历史文化环境中，在长期耕海牧渔的生产、生活中形成的民俗活动形式，已有三百多年历史。在这漫长的发展过程中，妈祖祭典沿袭古制，凸显民俗，又与道教、佛教、儒学等有机结合，兼收并蓄，不断完善，形成了相对固定的仪轨与程式，表现出旺盛的生命力，具有生生不息的传承性。

2.内容的丰富性

妈祖祭典是以祭祀、习俗、礼仪、传说、技艺、民间音乐舞蹈等非物质文化遗产和庙宇、古迹、祭器等物质文化遗产为表现形式的民俗文化，涉及民间艺术各门类，不仅展现了鲜明的民族特色和地方特色，还与传统的岁时年节紧紧地结合在一起，活动内容非常丰富。如宫庙祭祀的"做供"需三天三夜甚至五天五夜，仪式有十几个程序，供品花色众多；庙戏要演三到七天，演出越剧、瓯剧、昆曲、京剧、木偶戏等戏曲种类；出巡活动（迎火鼎）更是热闹异常，几十支民间表演队伍参加，各种民间艺术争奇斗艳。所有这些，都使得妈祖祭祀活动的内容丰富多彩，充分表现出广大信众对妈祖的虔诚与热爱。

3.参与的广泛性

洞头县陆地面积100.3平方千米，其中14个住人岛的面积不过91平方千米，却有20余座妈祖宫，平均每4平方千米就有一座，信仰之普遍可见一斑。妈祖祭典活动更是当地一年中的盛事，人们不分畛域、不分族群、无论道释，万众敬仰，参与度非常高。"做供"的参与者为首事、道士和信众等；庙戏的观众有本地居民和外地戏曲爱好者，以及渔家请来参加平安节的客人；迎火鼎活动更是参与者众多，有各个民间表演队的队员，有各支乐队的演奏者，有抬凤辇的轿夫，还有各

乐助簿（文文 摄）

色各样戏曲人物的扮演者等等，人们以能参与活动为乐事，甚至以能全家参与为荣耀，由此不难看出参与的广泛性。

4.祈愿的特殊性

因地处海岛这一地理特殊性，渔民和岛民信仰妈祖、向妈祖祈愿的目的，一是安全（即人身安全，生产工具、设施安全），二是丰收（即捕捞生产丰收、养殖生产丰收、海上经营丰收），凡对此有需求的都会加入祈求的队伍。这种祈愿目的符合渔民和岛民的特殊身份。

[贰]保护价值

1.文化传承价值

妈祖祭典是海岛民间艺术展示的大舞台，各个民间艺术团队竞相登台献艺。在各宫庙祭典上，民间舞蹈、民间音乐、民间手工技艺等展示民间艺术的精华；在迎火鼎活动中，民间表演团队（龙灯队、

管账的老人（爱琴 摄）

信众募捐乐助（林萍萍 摄）

贝灯队、鱼灯队、鼓乐队等）也各自拿出精彩节目，参与亮相；在庙戏演出中，各戏曲门类给观赏者带去传统文化的熏陶。通过活动，人们互相交流切磋，传承技艺，不断培养出民间艺术新人，传统文化得以代代相传，文化价值由此显得更为突出。因此，妈祖祭典活动可以说是促进民间艺术发展的载体，也是许多民间艺术赖以生存、发展的文化生态环境，对于民间优秀文化的传承具有重要价值。

2.精神寄托价值

妈祖形象是人们心目中善良、智慧和正义的化身，深烙于洞头渔村千千万万普通百姓心头，成为人们为人处世的精神楷模。妈祖祭典就是人们尊崇妈祖、祈求妈祖、感恩妈祖最具体、最直接的表现。祭典仪式给渔家人一种心灵的慰藉和暗示：波涛汹涌的海上有妈祖保佑，海上作业一定能平平安安，渔事生产也一定会获得丰收。这种慰藉和暗示，增强了渔民战胜灾难的信心和勇气，妈祖成了渔区人民战胜灾难、克服困难的精神寄托，是一方群众的精神支柱。

3.学术研究价值

妈祖文化涉及神话学、民俗学、历史学、文化学、宗教学、海洋学、建筑学、考古学、版本学、文学、艺术等学科领域。如妈祖宫的结构造型和各类雕刻构件，是极为珍贵的古代建筑艺术精品；宫内所供船模，是研究古代造船历史的重要资料；祭典仪式保存着鲜活的口传文化和由此衍生的各种民俗礼仪文化精髓；妈祖信仰在人们的精神生活中产生深远的影响。这些内容都具有很高的学术研究价值，从20世纪70年代起就引起了学者的注意，先后出版了一大批文献资料、学术专著、文学作品、大型画册等。近些年，多批民俗专家来到洞头，进行海洋民俗文化考察，特别对妈祖祭典活动进行考察研究。2013年洞头县举行妈祖文化论坛，特邀两岸学者齐聚百岛，共同探讨妈祖文化的学术价值。

4.文化纽带价值

妈祖祭典是妈祖文化的重要组成部分，而妈祖文化已成为海内外华人文化认同的纽带，旧时体现为各地华人大都把妈祖宫作为社会交际、感情联络的场所，新时期则体现为海内外华人不远千里到湄洲祖庙及各地妈祖庙朝拜。这不仅仅是为了求得精神的慰藉，更重要的是表达了对中华文化的认同，而文化认同是民族认同、国家认同的基础，对于促进中华民族大团结，特别是促进海峡两岸的交流、祖国的和平统一意义重大。

洞头、福建与台湾语言相通、地缘相近、血缘相亲、文缘相承、商缘相连，妈祖又是三地民众共同信仰的神灵。自20世纪80年代以来，海峡两岸妈祖文化交流日趋活跃。1989年5月6日，台湾宜兰县苏澳南天宫董事会组织二十艘渔船、二百二十四名信众，冲破重重阻力，从海上直航湄洲祖庙朝圣，开创了1949年后两岸大型船队直航的先例。

20世纪六七十年代以来，每逢渔汛，台湾渔民若在洞头渔场生产、避风、补给，都会去妈祖宫祭拜。近些年，洞头妈祖平安节的举办，更吸引了众多台胞、华侨组团来洞头进香谒祖，参加祭典活动及文化、经贸交流活动。这些都充分说明妈祖祭典作为连接海内外华人的重要载体，拉近了两岸的距离，成为海内外亿万信众联谊交流的文化桥梁和精神纽带。

五、洞头妈祖祭典的保护与传承

随着社会的变迁、科技的进步，洞头渔区的生产生活及文化观念发生了巨大变化，妈祖祭典这一妈祖信仰载体的传承和发展面临着考验。但在社会各界多年的共同努力下，保护与传承工作已初见成效。

五、洞头妈祖祭典的保护与传承

随着社会的变迁、科技的进步，洞头渔区的生产生活及文化观念发生了巨大变化，妈祖祭典这一妈祖信仰载体的传承和发展面临着考验。但在社会各界多年的共同努力下，保护与传承工作已初见成效。

[壹]濒危状况

1.渔业环境的变化

前些年，忽视渔业生产规律的掠夺性捕捞导致海洋渔业资源急剧减少，近海渔场逐渐消失。渔村逐渐萎缩，渔船也不断减少，

渔业生产（文文 摄）

渔民的生产方式从单一的渔业生产发展为多元并重，更多的人从事工业、水产品加工和第三产业，渔业不再是当地的主导产业。同时，现代化渔业生产工具的出现使渔民的生产安全有了很大保障，过去"一叶小舟讨饭吃"的状况改变了。靠海讨生活的人们祈求神灵保佑的意愿有所减弱，海上作业人员中的妈祖信众人群也在缩小。

2.城镇化建设的影响

近年来，洞头大概有八至九座妈祖宫由于城镇化建设的需要而迁址，三四百年的古庙消失了。如2004年，洞头最古老的中仑村后垅妈祖宫由于科技园区建设的需要被拆迁，2007年，在中仑村龙井路地段重建。

中仑妈祖宫乔迁（叶礼景 摄）

洞头全县有妈祖宫十三座,除东沙天后宫、元觉天后宫分别列入省级、县级重点保护外,其他宫庙均由群众自行保护,保护资金十分有限,而宫庙年代久远,急需修缮。

3.传承氛围的弱化

受渔区社会经济快速发展的影响,传统的妈祖信俗影响力大幅下降,传承范围缩小,给保护和传承带来很大困难。一是越来越多的年轻渔民更喜欢具有时代特征的文化新元素,对妈祖信俗不关心、不熟悉;二是有一定影响力的妈祖祭典热心人相继作古,他们的子女大多没能接班成为传承人。虽然目前参加祭拜的信众不算少,但主要是中老年妇女、老渔民。

[贰]抢救与保护

自“洞头妈祖祭典”被列为国家级非物质文化遗产名录扩展项目以来,洞头县加大保护力度,举办了一系列妈祖文化活动,内容丰富,规模壮观,影响广泛。这些活动进一步展示了妈祖文化的深刻内涵,彰显了妈祖文化的无限生机和神奇魅力。

1.加强对妈祖祭典的保护

多年来,洞头县政府采取多种措施,合力保护妈祖祭典这一珍贵的非物质文化遗产。

首先是做好普查、建档、申报工作。自2005年起,洞头县全面开展非物质文化遗产普查工作,按照“不漏村居、不漏项目、不漏线

非遗普查（林磊 摄）

索"的要求，在全县六个乡镇建立普查队伍。为了深入了解和掌握全县渔村妈祖祭典的情况，普查员深入村居民舍、田间地头，搜集了大量资料和图片，初步建立妈祖祭典档案和数据库。2007年，在普查的基础上，县政府将"海洋民俗文化研究"作为县社会发展科技项目交付县民间文艺家协会，组织实施调查工作。经过一年的调查，基本摸清了妈祖祭典在洞头的历史背景、传承脉络、演变进程和保护情况，建立了较为完整的资料库。2008年、2011年，分别出版《百岛民俗大观》和《百岛守望》，为保护、传承提供文字资料。2008年12月，"妈祖信俗"被列入温州市非物质文化遗产代表性名录；2009年，"妈祖信俗"被列入浙江省非物质文化遗产代表性名录；2011年6月，"洞头妈祖祭典"被列为第三批国家级非物质文化遗产名录扩

展项目。

其次是建立保护机构。为切实推进妈祖祭典保护项目的实施，明确项目保护责任，洞头县成立了妈祖祭典项目保护领导小组，县人民政府作为项目实施主管单位，县文化广电新闻出版局作为责任单位负责具体管理，县民间文艺家协会作为保护单位，北岙街道、元觉街道及妈祖宫庙所在的村居承担项目保护具体工作，还根据妈祖祭典项目的特点组建专家指导组。

第三是开展宣传展示活动。为了弘扬妈祖"立德、行善、大爱"的精神，营造传统文化的保护氛围，洞头县连续三年制作《妈祖祭典》、《百岛非遗》等专题片在广播电视台播出，2014年，元觉街道还拍摄了微电影《情归妈祖》。在保持"妈祖祭典"民间原生态祭

非遗图片展（爱琴 摄）

拜形式的基础上，从2008年开始，洞头县连续举办五届"妈祖平安节"。通过节庆活动，妈祖文化、妈祖精神在浙南地区得到进一步弘扬。

第四是加强宫庙（文物）保护。县政府先后投入近一百万元，按照"修旧如旧"的原则，对省级文物保护单位东沙天后宫进行修缮。由于五岛连桥工程和科技园区的建设需要，县级文保单位沙角天后宫需整体落架移位，中仑后垗天后宫需迁移。文化部门对此非常重视，多次与建设单位协商，做好规划方案及理赔事宜。2008年，在各部门和民间力量的支持下，投入一百五十多万元的东沙天后宫和投入八十万元的后垗天后宫顺利完成迁移重建。2012年，洞头县投入四百二十多万元，在洞头旅游标志性景区"望海楼"建立非遗展示馆，以模型的形式对妈祖祭典项目进行展示，供游客观赏，三年来已接待海内外游客近四十万人次。同时各地发动民间力量筹集资金，对多座妈祖宫庙及活动场所进行修复。

第五是做好传承人的保护和培养工作。传承人是妈祖祭典的承载者和传递者，他们掌握整套活动程序、步骤和祭典方法，是代代相传的关键人物。洞头县文广新局非常重视传承人的保护和培养，通过调查摸底，掌握、了解妈祖祭典传承人情况。吴江，现年八十二岁，十五岁参加渔业生产，二十五岁当渔船老大，三十来岁就参与妈祖祭典活动，是东沙妈祖宫最年长的首事，也是公益事业的热心人，多年来掌握整套妈祖祭典的组织程序和祭拜方法。2009年9月，吴江被浙江省文化厅确认为妈祖信俗代表性传承人。还有郭温林、叶宋顺、洪娟妹等一批热心人，几十年来无偿为妈祖文化事业服务，他们的言传身教逐渐培养了一批文化活动的骨干力量，妈祖文化事业后继有人。

2.创新保护与传承的形式

（1）成立洞头县妈祖文化交流协会

为弘扬、传播妈祖文化，保护文化遗产，更好地与全国各地妈祖文化机构交流合作，推动海峡两岸经济文化交流，2013年4月28日，洞头县妈祖文化交流协会成立大会在洞头县剧院举行。温州市

洞头、台湾两地协会签署协议书（洪晨 摄）

政协夏克栋副主席、中华妈祖文化交流协会周金琰副秘书长、台湾桃园创新科技学院蔡泰山副院长、温州市社科联领导、洞头县委政县府领导、温州市苍南县妈祖协会会长等参加了大会,洞头县各妈祖宫庙代表、有关部门领导出席参加。

成立大会通过了协会章程,选举产生理事会。新成立的洞头县妈祖文化交流协会与"中华两岸经贸文化发展协会"(台湾)签署了《缔结友好社团协议书》。协议书的签署,增进了两岸妈祖文化的合作交流,增进了两岸民间组织的友好往来,为两岸社会组织合作交流谱写了新的篇章。

（2）举办妈祖文化论坛

洞头县妈祖文化交流协会成立的当天,举办了"传承妈祖文化,弘扬海洋文明"妈祖文化主题论坛。洞头县文化部门特邀海峡两岸研究妈祖文化的资深学者,共同探讨妈祖文化。洞头县民俗专

当地专家介绍洞头妈祖信俗（洪晨 摄）

台湾专家蔡泰山教授作专题发言（洪晨 摄）

家邱国鹰介绍了洞头妈祖文化的渊源、传承、保护情况,台湾桃园创新科技学院蔡泰山副院长作了题为《从沿海地区妈祖文化论地方发展之关系》的发言,中华妈祖文化交流协会周金琰副秘书长作了题为《妈祖文化为人类社会发展发挥积极作用》的发言。

3.举办"妈祖平安节"

从2010年开始,由洞头县政府牵头,北岙街道、元觉街道承办,县文化广电新闻出版局、县风景旅游局、县台办等部门协办,连续举办了五届"妈祖平安节"。平安节围绕"同谒妈祖,共享平安"这一主题,有虔诚庄严的祭典大礼、古风浓郁的祈福道场、丰富多彩的文艺演出、海洋特色的民俗展示等,祈愿妈祖护佑渔乡风调雨顺、鱼虾丰收。这是官方主持筹办、民众参与的新形式。

(1)历届平安节活动情况

首届中国·洞头妈祖平安节

2010年5月5日(农历三月廿三)是妈祖诞辰1050周年纪念日。为传承千年妈祖信俗文化,祝愿国泰民安,首届"中国·洞头妈祖平安节"在北岙街道东沙村举办。

上午十时,海岛平安大鼓擂响,数千名当地渔民和一批来自台湾的香客齐聚洞头东沙港岸边,身着平安衫,焚香祭拜,按照妈祖出巡、诵读祭文、拜天、拜海、拜妈祖、渔船受令旗、游客进庙敬香的古老程序,举行盛大的妈祖祭典大礼,共同拜谒海上平安女神。

参加平安节的文艺队伍（洪晨 摄）

祭典活动后举行文艺演出，当地独具海洋民俗文化特色的文艺节目与根据妈祖传说编创的节目相结合。信众、游客动手制作寓意五谷丰登的平安果，在千米长的平安轴上画祝福，还参加猜灯谜、观庙戏、赏渔家工艺等活动。活动后，信众和游客共尝妈祖"平安宴"。来自台湾的信众陈素菊说："台湾与大陆同根同源，我们和洞头还讲同一种话，本身就是一家人。来洞头同拜海上女神，共连香火之缘，就是希望妈祖博爱无私的崇高品质在两岸传承、发扬，加深两岸同胞的交往。明年的平安节我们还会再来。"

第二届中国·洞头妈祖平安节

第二届"中国·洞头妈祖平安节"扩大了活动范围，以北岙街道东沙村为主会场，增加了元觉街道沙角村分会场。2011年4月25日，四千多名信众、游客参加活动，同祈平安。

参加平安节的游客（萍萍 摄）

　　在东沙主会场，有做平安果、绘平安轴等各项民俗活动，贝雕、扎纸等富有海岛特色的传统技艺一一展示。祭祀大典是重头戏，包含妈祖出巡、诵读祭文、拜天、拜海、拜妈祖、渔船受令旗等内容，祷告一年风调雨顺。台湾敬香团团长陈庆达表示："出席此次活动是为了追寻两岸的共同文化根源，妈祖文化是平安文化，我们希望这个世界充满平安。"

　　在沙角会场，有祈福祭典、平安宴、民俗表演以及楹联征集大赛作品展示、"风情元觉"摄影作品展等活动。楹联征集大赛共收到来自全国各地和美国、马来西亚、香港等国家和地区的二百多人的近五百件作品，龙湾张维庚撰写的"海不扬波，遥把平安传海

现场书写楹联（洪晨 摄）

峡；民能致富，深将正道鼓民心"获得一等奖。

　　承办方元觉街道表示："举办这个节日，旨在充分发挥海岛民俗的优势，服务海岛旅游业，将其打造成特色产业。"妈祖平安节打出了"旅游"牌，吸引了近千名游客，让广大游客体验到了浓郁的海岛民俗风情，享受到了海洋休闲乐趣。中华妈祖文化交流协会副秘书长、学术部主任周金琰先生对洞头将妈祖文化与旅游文化结合很欣赏，他说："洞头人的祖先大部分从福建迁徙而来，带来的妈祖信俗经历几百年传承，仍保留较为完整。而且，县政府对妈祖文化工作如此重视，各部门又齐心协力，通过举办妈祖平安节活动，将传统的妈祖文化与旅游文化相结合，既传承、保护、弘扬了妈祖文化，又拓展了旅游新内容。"

第三届中国·洞头妈祖平安节

2012年4月13日，来自台湾的三十八人团队与温州、金华、丽水等地及本地近五千名群众聚集在洞头县元觉街道沙角村和北岙街道东沙村，参加第三届中国·洞头妈祖平安节活动。

除传统祭典大礼、平安出巡活动外，此次还举行了"四海安澜"汇水仪式。在活动现场，海峡两岸的圣水注入安澜瓶，寓意两岸人民同根同源。温州市政府领导为"洞头妈祖祭典"入选国家级非物质文化遗产扩展项目授牌。洞头渔民书画、鱼灯扎制等一系列渔家文化表现形式，全方位展示千年信俗的文化底蕴。

此次活动进一步将妈祖文化传承与旅游推广相结合，推出洞头

国家级非物质文化遗产"妈祖祭典"授牌（卓龙海 摄）

平安宴（洪晨 摄）

妈祖文化一日游，报团前来的游客达八百多人。在东沙、沙角两处会场共摆出二百六十五桌"平安宴"，前来参加活动的信众和游客一边观看民俗节目，一边品尝"妈祖菜"。

来自台湾的张淑燕说："我生长在台湾基隆的和平岛，我的家乡不仅和洞头拥有同样的民俗习惯，我们还讲同一种语言，所以我有一种回家的感觉。希望通过每年的妈祖平安节，让两岸同胞常来常往、亲上加亲。"

第四届中国·洞头妈祖平安节

这一届妈祖平安节是历届活动规模最大的一次，以"乡音乡情，双屏双赢，同谒妈祖，共享平安"为主题，将妈祖文化与海峡两岸旅游经贸相结合。内容包括两岸半屏山经贸交流合作洽谈会、台湾小商品博览会、两岸半屏山风情摄影作品展、洞头县妈祖文化交流协

第四届妈祖平安节活动

会成立暨妈祖文化主题论坛等相关活动，还安排了"台南·洞头风味小吃一条街"。

2013年4月28日上午，两岸半屏山旅游经贸文化交流活动暨第四届中国·洞头妈祖平安节开幕式在洞头县新城广场举行。

凝聚着海峡两岸书法名家心血的《两岸半屏山妈祖文化书法联展作品集》首次公开亮相，并举行授赠仪式。还举行了"四海安澜瓶"汇水仪式，各地妈祖宫执事携带当地的水源，将带着美好祝愿的同源水注入瓶内，寓意"天下妈祖、四海归一、福泽百岛"。随后，妈祖平安巡游民俗踩街活动开始，民俗队伍二十多支、八百余人，龙灯队、鱼灯队、迎火鼎等具有海岛民俗特色的队伍一路前行，队伍达千米之长，为广大市民奉上了一场节日民俗盛宴。

5月2日，沙角天后宫广场和东沙天后宫沙滩举行了妈祖祈福祭拜大典，按照妈祖圣像出宫、诵读祭文、行三拜礼、行三献礼、渔船受令旗、行三鞠躬的古老程序进行祭拜，祈求风调雨顺、四海安宁、恩泽万民。海峡两岸同胞还为遭受震灾的四川雅安祈福，期盼灾区人民战胜灾难，一生平安。在庄重的祭祀仪式后，还举行了盛大的妈祖圣像巡游。

除保留以往的传统文艺节目外，这一届平安节还上演了以妈祖故事为题材的音乐剧，音乐剧根据孕育、成长、羽化、九九归一等妈祖事迹创作、演绎，受到信众和游客的赞赏。

文艺演出（洪晨　摄）

第五届中国·洞头妈祖平安节

2014年4月22日，由洞头县元觉街道办事处、北岙街道办事处主办，洞头县台办、县旅委、县文广新局、县妈祖文化交流协会协办的第五届中国·洞头妈祖平安节在元觉街道沙角村和北岙街道东沙村举行，来自海峡两岸的近万名游客参加了活动。

当天上午，两个会场分别举行了开幕式和妈祖祈福祭拜大典。开幕式上，中华妈祖文化交流协会领导向沙角天后宫授予理事单位牌匾，来自台湾、福建、洞头、台州四地的代表将家乡的"圣水"汇入四海安澜瓶内，随后举行放生仪式，将近千条鲈鱼鱼苗放归大海。微电影《情归妈祖》在开幕式上首映。在祈福祭拜大典上，洞头

放生活动（洪晨 摄）

当地渔民身着平安衫，按照妈祖圣像出宫、诵读祭文、行三拜礼、行三献礼、渔船受令旗、行三鞠躬、收香等古老程序进行祭拜，祈求风调雨顺、四海安宁、恩泽万民。

市级传承人郭温林感慨说："妈祖平安节我年年参加，妈祖文化的传承、弘扬有希望了，海洋文化的传承、保护有希望了，作为传承人，我好高兴啊！"

（2）妈祖平安节祭典仪式

历届洞头妈祖平安节以祭祀大典为主要内容。东沙天后宫和沙角天后宫在按照传统举行宫庙祭典的基础上，还会举行祭典仪式。

东沙天后宫平安节祭典仪式

时间：农历三月廿三上午九时。

地点：妈祖宫前海滩。

祭典开始：鸣鼓、鸣钟三通（各三十六响）。

礼生就位，主持仪式。

恭请天上圣母登轿起驾出宫（钟鼓齐鸣，鸣炮、奏乐）。妈祖凤辇由八名渔民信众抬着，在主祭人、陪祭人以及鼓队、戏曲人物演出队等人员陪同下，从妈祖宫正门出发，绕道到祭典主场台上中央安座，准备接受信众祭拜。

主祭人就位，为妈祖祭典传承人或当地有名望人士。

信众参加妈祖平安节祭典

陪祭人就位，为十六位头家和台湾、福建嘉宾及当地有名望人士等。

与祭人就位，为台湾香客、洞头周边地区妈祖信众、当地信众、游客等，约三四千人。

献供品。礼生依次上前敬献供品。敬先锋（猪头）、敬红圆、敬寿龟、敬寿面、敬寿桃、敬状元糕、敬香蕉、敬苹果、敬红柑、敬红枣、敬龙眼、敬金针（黄花菜）。正常年份为十二样、十二盘，闰年为十三样、十三盘。

上香。十六位头家净手后祭祀上香，同时礼生把香分给参拜人员。

行三拜礼。主祭人、陪祭人与全体到场信众跪地,向天公、海神和天上圣母行上香礼。(奏乐)

拜天。"恭请天后妈祖引领我们祈祷上天神圣。"

一拜玉皇——消灾赐福,普降吉祥。

再拜玉皇——风调雨顺,国泰民康。

三拜玉皇——五谷丰登,万民乐颂。

拜海。"恭请海神妈祖引领我们拜谢四海龙王。"

一拜龙王——甘霖普洒,万物生长。

再拜龙王——风平浪静,鱼虾满仓。

三拜龙王——四海安宁,功德无量。

拜妈祖。"恭请妈祖圣灵接受信众礼拜。"

一拜妈祖——人间福神,德被神州,四海同春。

再拜妈祖——海上女神,消灾救难,风平浪静。

三拜妈祖——平安圣灵,恩泽信众,民富国兴。

行三献礼。由礼生分三次将鲜花、水果、金箔献给妈祖,呈到祭典供桌上。

诵祭文。由主祭人诵读。

"维公元某年某月某日,某年三月廿三日吉旦,恭逢天后圣母某年圣诞暨洞头妈祖平安节隆重举办之际,虔诚举行祭祀、祈福、巡安典礼,主祭人和陪祭人代表洞头县十三万人民和广大善男信女

致昭于天后圣母尊前,曰:

　　天下妈祖,四海归一。默娘华诞,同谒妈祖。

　　海上女神,灵光升华。千载留根,薪火传承。

　　福泽百岛,官民同乐。五彩缤纷,辉耀渔港。

　　万里海疆,承载圣德。十万渔家,沐浴灵光。

　　神功无边,垂法至今。聪耳感应,四方海事。

　　慧眼关注,八面航船。滔滔大洋,耕海扬帆。

　　艘艘渔船,平安往返。逐潮撒网,鱼虾满仓。

　　春夏秋冬,风调雨顺。东南西北,吉祥安然。

　　妈祖圣明,四海同春。平安福神,德被神州。

　　百里花香,景文双艳。百岛歌凯,安居乐业。

　　更看今日,架起桥梁。海峡两岸,共享太平。

　　和谐盛世,国泰民安。博爱圣火,永远点燃。

　　世界遗产,大力弘扬。启迪后昆,奔向辉煌。

　　伏惟

尚飨!"

　　请授平安令旗。东沙港渔船及外村渔船老大上台,主祭人授予妈祖平安令旗。渔船老大虔诚地用双手擎旗,领回到自己船上,把令旗高高挂在桅杆上。

　　行三叩礼。

为渔船授令旗（洪晨　摄）

焚祭文，焚金箔。主祭人在香炉中焚化祭文和金箔。

收香。由礼生收集参拜人员手中的香，放到香炉中焚化。

礼成。

恭请天上圣母起驾回宫。妈祖凤辇仍由八名渔民信众抬着，在主祭人、陪祭人以及鼓队、戏曲人物演出团队等人员陪同下，回到宫庙中安座。（钟鼓齐鸣，鸣炮、奏乐）

沙角天后宫平安节祭典仪式

时间：农历三月廿三上午九时。

地点：妈祖宫前广场。

祭典仪式开始：鸣鼓、鸣钟三通（各三十六响）。

礼生就位，主持仪式。

诵妈祖经，恭请天上圣母登轿起驾，出宫移驾祭筵（钟鼓齐鸣，鸣炮、奏乐）。妈祖凤辇由八名渔民信众抬着，在主祭人、陪祭人以及仪仗队、旗队、灯队、鼓乐团队等人员陪同下，从妈祖宫正门出发，绕道到祭典主场台上中央安座。

仪仗队就位，立于祭台前方两边。

封号旗队就位，立于祭台上妈祖凤辇后面，成一排。

宫灯队就位，立于封号旗队前面，成一排。

主祭人就位，立于妈祖神像前面。

陪祭人就位，为台湾、福建嘉宾和村各甲负责人。位于台下，面

恭请妈祖出宫（洪晨 摄）

沙角妈祖祭典现场（卓龙海 摄）

朝妈祖神像。

与祭人就位，为台湾香客、洞头周边妈祖信众、当地信众和游客，约有两三千人。

迎神上香。礼生一至四人点香，分给参拜人员。

行三拜礼，奏迎神曲。主祭人、陪祭人、与祭人举香过额，向圣母行上香礼。

收香。礼生将参拜人员手中的香收起，插入祭台香炉中。

行三献礼。由礼生分三次将鲜花、水果、金箔传给主祭人，主祭人举至头顶，行三礼，敬献妈祖，再呈到祭典供桌上。

诵祝文。由司仪诵读。

"维公元某年某月某日，某年三月廿三日吉旦，恭逢天后圣母

圣诞暨中国洞头妈祖平安节之际，举行祭祀祈福典礼，祈求风调雨顺，国泰民安，社会和谐，百岛昌隆。主祭人率广大善男信女，致昭告于天后之神，赞曰：

天地之大，惟海为特，波涛祭天，风云莫测。

天后妈祖，秉承坤德，总司海若，阳侯水伯。

人类文化，信俗独特，世界遗产，丰碑铭刻。

欣逢盛世，更当颂歌，民族传统，弘扬沿革。

祝愿洞头，隆昌和合，祝福百姓，富裕康乐。

告洁告虔，趋跄拜谒，千秋万春，圣灵水赫。

伏惟

尚飨。"

行三跪九叩礼。主祭人、陪祭人、与祭人随着司仪唱声行礼。

焚祝文、焚箔，送神（奏送神曲）。礼生二人抬燎盆到祭台前，主祭人取祝文和金箔焚化。焚毕，返原位。待音乐停，再行三跪九叩礼。

请授令旗。渔船老大上台，主祭人授予妈祖平安令旗。渔船老大回原位，再与巡安队伍一同回到自己船上，请妈祖安船，并把令旗高高挂在桅杆上。

礼成。参祭人员退场。

恭请天上圣母起驾巡安。出巡队伍先到码头，妈祖上渔船，进

渔船挂令旗（洪晨 摄）

行安船仪式，再在全村进行巡游，回宫安座。

放生。领导、嘉宾及信众一同到码头，放生鱼苗。

4.洞头与各地的妈祖文化交流活动

"世界妈祖同一人，天下信众共一家。"共同的妈祖信仰是沟通各地特别是海峡两岸信众的纽带。洞头县充分利用这一优势，与各地妈祖文化机构密切联系、交流与合作，开展妈祖文化学术研究，加强妈祖文化遗产保护，弘扬妈祖文化，传承中华美德，发展妈祖文化事业。

（1）两岸文化交流

两岸交流，相约洞头。2013年4月28日至5月2日，以"乡音乡情，双屏双赢，同谒妈祖，共享安福"为主题的两岸半屏山旅游经贸文

两岸文化交流（文文 摄)

化交流活动在洞头隆重举行。

　　在两岸半屏山经贸交流合作洽谈会上，远道而来的台湾同胞与洞头县有关单位负责人、工商界和企业界代表等相聚，共同探索两岸合作发展新机制。近年来，洞头凭借得天独厚的海洋资源和生态环境优势，区域发展地位不断提高，随着"两海两改"战略的深入实施，洞头成为海峡西岸经济区的重要组成部分，这为洞头对台贸易合作迎来了难得的发展机遇。此次洽谈会，洞头县推出的招商引资项目包括国际会议中心、状元南片综合开发、小门西片围垦等二十四个项目。同时，台湾旅游协会上海分会代表还与洞头县风景旅游协会代表进行了意向签约。

台湾小商品博览会暨"台湾风味美食一条街"活动在洞头新城农贸市场及腾飞路举行。蚵仔煎、泡菜臭豆腐、台湾沙茶鱿鱼、肉羹……一长串美食名单，让人目不暇接。三十位来自宝岛的厨师一一展示真功夫，为海岛群众带来地道的具有代表性的台湾小吃。市民除了能品尝到原汁原味的台湾风味小吃外，还能在台湾小商品博览会上大饱口福和眼福，九十一个摊位的商品不仅包含了高雄、台南等地的特色农副产品，更有诸多日用品等着海岛市民选购。

两岸半屏山妈祖文化书法展和两岸半屏山风情摄影展在新城广场举行。广场两边，赫然竖立起了六大块展板，展板上既有展现两岸半屏山风情的摄影作品，也有一幅幅体现妈祖文化精髓的书法

两岸半屏山风情摄影展（洪晨 摄）

作品，吸引众多市民驻足观赏。摄影展上共展出了来自台湾、深圳、海南、温州、洞头的二十位摄影家共七十一幅摄影作品，书法展上展出了一百三十幅来自台湾、大陆书法名家的作品。

2012年，东沙天后宫与台湾高雄慈云寺天后宫结为友好单位，连续两年，慈云寺天后宫的三十多位信众带着妈祖神像来东沙天后宫谒祖进香，开展联谊活动，并与东沙天后宫签订缔结友好单位协议书。

（2）洞头、湄洲文化交流

"天下妈祖，祖在湄洲。"洞头的妈祖信仰源于福建，湄洲祖庙是天下妈祖分灵的娘家。洞头原为海岛，交通闭塞，与外界交流甚少，过去很少有信众或宫庙人员前往湄洲进香、交流。随着妈祖祭

东沙天后宫与台湾高雄慈云寺天后宫签订友好单位协议（许文国 摄）

典被列为文化遗产以及温州（洞头）半岛工程竣工，洞头与湄洲祖
庙的交往进一步加深。从2000年开始，陆续有洞头妈祖宫庙的负责
人、信众前往湄洲祖庙进香、交流。

2011年11月，应中华妈祖文化交流协会之邀，洞头县文化部门
领导及东沙、沙角妈祖宫董事会负责人参加了第十三届中国·湄洲
妈祖文化旅游节，节后还一同前往江苏昆山，参加中华妈祖文化交
流协会第二届会员大会第四次会议和昆山聚惠宫的千人祭典大礼。

2012年11月，为筹备成立洞头县妈祖文化交流协会，进一步加
深与祖庙的联系，洞头县副县长带领文化、教育、旅游、卫生等部门
一行十几人到湄洲祖庙考察妈祖文化，并参加了第十四届中国·湄

参加昆山聚惠宫千人祭典（爱琴 摄）

洲妈祖文化旅游节。

这几年，中华妈祖文化交流协会、湄洲祖庙董事会对洞头的妈祖文化保护和弘扬工作非常重视，派领导参加历届洞头妈祖平安节，对洞头妈祖文化工作给予大力的支持。

（3）洞头、苍南妈祖文化走亲

洞头和苍南同属温州地区，两地居民先祖均来自福建，因而两地语言、习俗、信仰基本相同，妈祖是两地共同信奉的神灵。为了加强两地的文化交流，从2011年开始，洞头和苍南连续四年开展妈祖文化走亲活动。2012年4月13日上午，苍南县文广新局、妈祖文化交流协会、文化馆、提线木偶剧团的相关人员前来参加第三届洞头妈

文化走亲（洪晨 摄）

祖平安节,提线木偶剧团演员还在现场表演了节目;下午在洞头剧院举行了苍南、洞头妈祖文化交流座谈会,参会的还有温州的一批民俗专家。4月26日,洞头县文广新局领导带领文艺科、文化站、妈祖宫相关人员回访苍南,参加了中国·苍南海峡两岸妈祖文化交流节暨妈祖诞辰1052周年庆典活动开幕式;当天下午在苍南蒲城召开了洞头、苍南妈祖文化走亲座谈会;晚上洞头的舞蹈节目《渔婆婆》在文艺晚会上展演。

洞头各妈祖宫还与乐清市柳市天后宫、玉环县凯门妈祖宫、苍南县灵溪妈祖宫等开展文化交流活动,共同推动妈祖文化的弘扬。

5.进一步加强对妈祖祭典的保护

妈祖祭典的保护是一项长期而艰巨的工作,需要强化宣传,扩大影响,普及全民保护意识,形成政府主导、多方面参与的保护机制,立足长远,合理布局,逐步形成以资源保护、传承发展为核心的传承保护措施。

首先,加强政策建设。要结合实际,依据国家和省、市的相关法规和政策,研究制订妈祖祭典保护项目实施的相关政策和措施,为非物质文化遗产保护工作提供政策和法律保障。

第二,健全管理机制。探索多元化的保护机制,建立政府主导、社会参与、职责明确、运转协调的管理机制。文化、旅游、教育、宗教、公安、财政等部门密切配合,协调解决保护工作中遇到的种种问

中仑后垅天后宫妈祖石雕像（文婷 摄）

题，真正形成"政府协调，部门联动"的综合协调机制。项目保护单位、实施部门要切实负起责任，履行各自的职责。调动社会各方面的积极性，鼓励、吸纳社会力量广泛参与，相互配合，形成合力。

第三，强化人才建设。要采用多种形式，分级、分期、分批对妈祖祭典保护项目有关管理人员、业务人员和传承人进行教育培训，造就一批对妈祖祭典有深厚感情的传承人和热心人。

第四，提升保护意识。充分利用报刊、广播、电视、互联网等媒体，采用各种方式，加强妈祖文化的宣传工作。进一步弘扬妈祖精神，增强全社会对妈祖祭典的保护意识，使渔区群众人人明确保护妈祖祭典的重要性，形成爱护、保护妈祖祭典的良好氛围。

主要参考文献

洞头县地方志编纂委员会:《洞头县志》,浙江人民出版社,1993年。

洞头县海洋渔业局:《洞头县海洋渔业志》,2003年。

莆田湄洲妈祖祖庙董事会:《湄洲妈祖志》,方志出版社,2011年。

周金琰:《妈祖祭典》,山东友谊出版社,2013年。

帅志强,占海燕:《人际传播与妈祖文化传承》,《浙江国际海运职业技术学院学报》,2011,第1期:31-33。

黄秀琳,林剑华:《妈祖信仰文化社会功能的人类学分析》,《哈尔滨学院学报》,2005,第11期(11):110-113。

温宗翰:《论妈祖信仰与仪式的春季祭仪性质》,《妈祖国际学术研讨会论文集》,164-170。

后记

　　妈祖是沿海地区民间极为信奉的一位海上平安保护神。我们为能参与《洞头妈祖祭典》的编撰工作感到高兴，同时，我们又深感不安。妈祖是全人类的共同精神财富，已列入世界文化遗产；而洞头妈祖祭典作为国家级非物质文化遗产名录扩展项目，长期以来以口口相传为主要传承方式，留存资料较少，传承人变化很大，这给编撰工作带来不少困难。面对困难，我们在普查原有资料的基础上，不辞辛劳下渔村、上渔船开展调查研究，获取了许多宝贵的素材。历经半年多努力，终于完成书稿撰写工作。

　　在本书编写过程中，民俗专家邱国鹰老师鼎力支持，为本书内容、章节编排以及书稿修改、审阅、统稿做了大量工作；洞头县文化广电新闻出版局领导甘海选、苏宇咏着力筹划编撰事宜，精心安排；县妈祖文化交流协会杨志林会长和郭温林理事提供了大量文字资料；吴江、叶宋顺、洪娟妹、许海华等传承人和宫庙负责人以口述方式还原了很多祭典内容；洪晨、许文国、吴文婷、郭为民、林萍萍等提供了大量摄影图片；中华妈祖交流协会周金琰副秘书长、台湾桃园创新科技学院蔡泰山副校长提供了不少可借鉴的线索、资料。省非遗专家吕洪年先生认真为本书审稿，提出了非常宝贵的意见和建议。在此谨对给予支持和帮助的单位和热心人士表示诚挚的感谢。

鉴于编著者水平有限，本书定会存在诸多不足和偏差之处，望有关专家、读者不吝赐教。

编著者

2015年5月

责任编辑：张　宇

装帧设计：薛　蔚

责任校对：高余朵

责任印制：朱圣学

装帧顾问：张　望

图书在版编目（ＣＩＰ）数据

洞头妈祖祭典 / 陈爱琴编著. —— 杭州 : 浙江摄影
出版社, 2015.12（2023.1重印）
（浙江省非物质文化遗产代表作丛书 / 金兴盛主编）
ISBN 978－7－5514－1167－7

Ⅰ.①洞… Ⅱ.①陈… Ⅲ.①神—祭祀—文化—介绍
—洞头县 Ⅳ.①B933

中国版本图书馆CIP数据核字(2015)第277785号

洞头妈祖祭典

陈爱琴　编著

全国百佳图书出版单位
浙江摄影出版社出版发行
　　　地址：杭州市体育场路347号
　　　邮编：310006
　　　网址：www.photo.zjcb.com
制版：浙江新华图文制作有限公司
印刷：廊坊市印艺阁数字科技有限公司
开本：960mm×1270mm　1/32
印张：6
2015年12月第1版　　2023年1月第2次印刷
ISBN 978－7－5514－1167－7
定价：48.00元